BASICS

AMÉNAGEMENT
ET VÉGÉTATION

T0338916

\\ REGINE ELLEN WÖHRLE \\ HANS-JÖRG WÖHRLE

BASICS

AMÉNAGEMENT ET VÉGÉTATION

BIRKHÄUSER
BASEL · BOSTON · BERLIN

TABLE DES MATIÈRES

L'élément végétal est la «pierre angulaire» de l'architecture paysagère. Les arbres, arbustes, plantes vivaces et fleurs annuelles nous impressionnent toujours quand ils sont mis en scène dans des compositions originales ornant parcs et jardins, qu'ils structurent l'espace, à la manière d'un tableau. Observés à l'échelle d'une année, les végétaux nous font l'effet de transformistes : à mesure qu'ils croissent et se développent, ils engendrent sans cesse de nouvelles structures.

L'aménagement végétal ne se résume pas à composer un tableau haut en couleur. Cela requiert aussi de solides connaissances sur les caractéristiques du site et des sols, sur les différentes espèces et variétés végétales et, aspect capital, sur leur période de floraison et le coloris de leurs fleurs.

Voyant dans les végétaux une «composante» essentielle de «l'art des jardins», nous les mettons en œuvre pour créer une atmosphère, modeler des espaces, végétaliser des sites, aménager des jardins potagers ou encore composer des tableaux floraux.

En notre qualité de concepteurs, nous devons maîtriser des tâches et des aspects variés et travailler pour des groupes d'utilisateurs divers : nous sommes ainsi amenés à dessiner le jardin d'un particulier, à végétaliser un quartier résidentiel ou le tracé de lignes de tramway, à planter des aires de jeux, à aménager des espaces urbains ou encore à créer des espaces verts représentatifs comme des parcs de châteaux ou des jardins de monastères.

Ne présupposant aucune connaissance préalable en matière de conception, les titres consacrés à l'architecture paysagère de la collection «Basics» s'adressent à vous, étudiants, et ne présupposent aucune connaissance préalable. Ce sont des ouvrages de base qui vous aident à développer une sensibilité à l'espace à aménager ainsi que vos propres stratégies.

Ce volume vous initie pas à pas à des aspects essentiels – du site aux proportions et à la création d'espace, en passant par les exigences des utilisations, les textures et les harmonies de couleurs. Illustrations systématiques et exemples photographiques à l'appui, les idées développées y sont présentées de manière parlante. Cet ouvrage ne livre pas de recettes miracles, mais il donne à comprendre la spécificité d'un site, son utilisation et surtout l'atmosphère à créer. L'adoption d'un parti pris paysager plutôt que d'un autre et la sélection des végétaux seront toujours fonction de votre manière d'appréhender l'espace à aménager et laissée à l'appréciation de votre intuition.

Cornelia Bott
Directrice de la publication

INTRODUCTION

L'espace et les végétaux, plus précisément la mise en œuvre de végétaux pour moduler l'espace dans les jardins et paysages, ont toujours eu une importance hors du commun dans l'histoire de l'art des jardins. Cependant, un aménagement réussi n'est pas exclusivement une question d'esthétique, mais dépend largement de la réalisation de conditions objectives. Concevoir avec des végétaux requiert un savoir-faire, mais aussi et surtout un savoir. Ce dernier consiste à mettre en œuvre les végétaux de manière que les lois de la perception sensorielle servent les objectifs esthétiques de l'aménagement paysager et les rendent sensibles (le mot grec *aisthesis* signifie d'ailleurs «science des perceptions sensorielles»). Ce savoir semble d'autant plus important qu'aucun espace libre ne ressemblant à un autre, on ne peut se contenter de copier des plans types ou des représentations de compositions végétales exemplaires. En revanche, il est possible de mettre en application sur chaque site les principes généraux de conception, à savoir création d'espace, ordre, contraste, équilibre et répétition, et de réussir un aménagement végétal. Les végétaux, matériaux vivants, permettent d'orner des espaces libres pour faire pendant à la technicisation croissante des conditions de vie de notre civilisation urbaine. Aptes à créer une ambiance, arbres, arbustes et plantes vivaces offrent à l'architecte paysagiste de nombreuses possibilités entre nature et culture. L'aménagement végétal recouvre des situations très diverses, du jardin privé aux aménagements à caractère représentatif autour d'édifices importants, en passant par les structures complexes des espaces verts, à savoir places, zones piétonnières, parcs, entrées d'agglomérations fleuries, espaces d'agrément, cimetières et jardins ouvriers.

Le titre *Basics Aménagement et végétation* sensibilise aux possibilités créatrices qu'offre le végétal dans l'aménagement d'espaces libres. Il en ressort que les projets architecturaux et urbanistiques ne peuvent devenir des concepts complets et de qualité sans une prise en compte de l'élément végétal dès le stade de la conception.

Ill.1:
Le climat détermine l'aire de diffusion des végétaux.

BASES DE CONCEPTION

Les pages suivantes sont consacrées aux facteurs essentiels à identifier comme tels et à prendre en compte avant toute conception et réalisation d'un objet, quelle que soit sa taille. Ces facteurs requièrent une réflexion et des décisions de fond.

ÉCOLOGIE DU SITE

Au cours de longs trajets en voiture ou en train, nous remarquons que le paysage change : les régions viticoles et de cultures fruitières caractérisées par un climat doux et des sols fertiles cèdent la place, en altitude et sous un climat plus rigoureux, à des forêts de feuillus et de résineux poussant sur des sols pauvres. Les végétaux originaires de régions bénéficiant d'un climat doux peuvent être gélifs, c'est-à-dire qu'ils gèlent en hiver faute d'une protection appropriée. De même, des végétaux qui, dans leur milieu naturel, poussent dans une terre riche s'étioleraient dans une terre pauvre. En matière de plantations, il est indispensable de connaître tant le milieu naturel des végétaux que leurs effets visuels. › Chap. Matériau végétal, Apparence des végétaux La croissance des végétaux est influencée par différents facteurs : › Ill. 1 et 2

_ Climat
_ Sol
_ pH
_ Nature du terrain

_ Lumière
_ Eau
_ Nutriments
_ Concurrence

Climat

Chaque site est caractérisé par le macroclimat et son altitude au-dessus du zéro hydrographique (ZH). Immuables et incontournables, ces données naturelles déterminent la diffusion des différentes espèces végétales. En revanche, le microclimat d'un site peut être modifié. Les angles formés par deux murs (p. ex. dans une cour intérieure) constituent des emplacements à l'abri du vent et diffusent de la chaleur. Si le site présente d'autres atouts (sols, précipitations, etc.), l'éventail des plantations envisageables est plus large. Les paramètres climatiques suivants jouent un rôle clé dans la croissance des végétaux :

🔖

\\ Remarque :
L'écologie est la science étudiant les relations des êtres vivants entre eux et leurs
interactions ainsi que leur adaptation aux conditions de vie. On appelle écologie végétale le
comportement des différents types de végétaux
en relation avec les influences climatiques
ainsi que l'effet des facteurs écologiques sur
la composition du couvert végétal.

_ Température : froid hivernal, chaleur estivale
_ Humidité : précipitations estivales et hivernales

Le facteur le plus important est le froid hivernal car, selon les températures minimales atteintes au cours de cette saison, une espèce végétale passera l'hiver ou non. La rusticité d'une plante correspond à la température la plus basse qu'elle peut endurer sans subir de dommages. En été, ce ne sont pas les minima et les maxima qui sont décisifs, mais les moyennes de températures. Les végétaux ont besoin d'une quantité définie de chaleur pour produire des bourgeons et que ceux-ci se transforment en feuilles, fleurs et fruits. Plus le climat est doux, plus l'éventail des végétaux à disposition est large.

Sol, nature du terrain, pH

C'est dans le sol que les végétaux puisent eau et nutriments et trouvent un point d'ancrage. La structure du sol ainsi que sa teneur en eau et en nutriments sont capitales pour la croissance. Dans la sélection d'espèces végétales pour un site à aménager, il faut prendre en compte les types de sols (argile, glaise, limon, sable), mais aussi leur pH, c'est-à-dire leur degré d'acidité ou d'alcalinité. Chaque plante exige un pH particulier. Celui-ci détermine la quantité de nutriments disponibles : les sols acides sont pauvres, les sols calcaires sont riches.

> 🖉

Le microclimat varie en fonction de la pente et de l'exposition du terrain : les versants exposés au sud sont plus chauds et plus arides, ceux exposés au nord plus frais et plus humides. Lors d'une randonnée en montagne, on peut remarquer que les flores des versants sud et nord sont constituées d'espèces très variées composant des tableaux aux coloris changeants.

Lumière

L'ensoleillement d'un site influe lui aussi sur la capacité d'un végétal à pousser et prospérer. On parle en général de « plein soleil », « soleil », « soleil indirect », « mi-ombre » et « ombre ». Certains végétaux exigent un emplacement au soleil, d'autres un emplacement à l'ombre, et d'autres encore, comme la symphorine, apprécient l'un comme l'autre. À mesure que les

🖉

\\ Remarque :
Il est vrai que l'on peut modifier la composition du sol. Cela requiert toutefois un entretien sur le long terme, car la situation de départ se rétablit à plus ou moins long terme.

végétaux croissent, leur taille et leur espacement évoluent, si bien que la luminosité change au fil du temps. Sous les arbres, plus particulièrement, la situation devient ombragée. › Chap. Matériau végétal, Dynamique temporelle Outre son importance dans la sélection des différents végétaux, l'insolation peut influer sur l'aspect d'une plantation ou d'une partie de jardin. Cela est plus sensible dans les emplacements nettement à l'ombre ou au soleil : les plantations à l'ombre sont dominées par les formes, couleurs et textures de feuilles qui sont celles des arbres et des vivaces, car la floraison est fortement limitée à l'ombre.

Eau

L'eau est le principal « constituant et carburant » des végétaux. C'est pourquoi le niveau des précipitations est une donnée naturelle capitale. Avant tout, les précipitations estivales protègent les plantes pendant la période de végétation du dessèchement lié à des températures élevées et d'un fort ensoleillement. En hiver, les végétaux qui perdent leurs feuilles sont en dormance et ont de ce fait un besoin limité en eau. Les précipitations hivernales (neige) sont importantes pour les espèces gélives, car le manteau nival protège leurs parties superficielles et souterraines des fortes gelées. En l'absence de manteau nival, des gelées peuvent endommager les plantes à feuillage persistant : leur feuillage perd de l'eau par évaporation et, ne pouvant pas puiser d'eau dans le sol gelé, elles se dessèchent.

La teneur naturelle en eau du sol est déterminée par les précipitations, le niveau de la nappe phréatique, la structure et la perméabilité du sol, et par la pente du terrain. La quantité d'eau qui est à la disposition d'une plante détermine la structure taxinomique et celle du couvert végétal. Les exigences hydriques varient cependant fortement d'une plante à l'autre. Certaines espèces apprécient la sécheresse, alors que d'autres aiment avoir les pieds dans l'eau. Par exemple, les pins et les genêts poussent en pleine nature parmi des graminées sèches sur un terrain arénacé perméable exposé au soleil. Ces végétaux dits xérophiles sont adaptés à ce milieu pauvre : ils ont des feuilles coriaces, étroites et linéaires rappelant les épines.

› 🗍

🗍
\\ Remarque :
Des systèmes d'arrosage adaptés aux besoins
peuvent améliorer le milieu de vie des végétaux, mais augmentent les frais d'entretien.
À l'inverse, on peut limiter l'eau excédentaire
par des mesures de drainage, p. ex. sur des sols
compactés.

Dans la nature, les végétaux ayant les mêmes exigences écologiques sont nombreux. Dans cette situation de concurrence, les espèces plus faibles sont souvent refoulées vers des emplacements, où leurs concurrents eux-mêmes ne peuvent plus prospérer. La concurrence est liée à l'ombre dispensée par des espèces à port élevé et compact, lesquelles ne laissent plus passer assez de lumière pour les espèces plus basses. C'est pourquoi il faudrait prendre en compte le facteur temps dans un aménagement paysager. Un jardin fraîchement aménagé semble nu. Avec le temps, les végétaux se développent toujours plus. Les houppiers en particulier projettent une ombre toujours plus grande sur les plantes poussant au-dessous, rendant la lutte pour la lumière, l'humidité et les nutriments toujours plus âpre. D'où l'importance de connaître les modes de croissance des végétaux, notamment de leur système radiculaire, ainsi que leur port et leur taille à l'âge adulte.

Pour une sélection d'arbres qui soit en accord avec le milieu et par conséquent une plantation harmonieuse et demandant moins de travail, on peut se reporter à diverses nomenclatures. On peut recourir à un classement des essences selon un code numérique à quatre chiffres, dont le premier recouvre les milieux suivants :

_ Marais et tourbières
_ Boisement alluvial et des rives
_ Forêts et bois riches en espèces
_ Forêts et bois pauvres en espèces
_ Landes et dunes
_ Végétation des steppes et forêts xérophiles
_ Essences des forêts froides et humides
_ Forêts de montagne et buissons des régions alpines
_ Haies bocagères et plantes d'ornement

Le deuxième chiffre concerne les principaux facteurs écologiques liés au sol, le troisième les facteurs aériens comme la lumière et la température, et le quatrième, la taille à l'âge adulte. Les codes numériques fournissent des indications permettant une mise en œuvre conforme au milieu, mais ne sont pas des classifications socio-végétales. De nombreuses essences pouvant s'adapter à plusieurs milieux différents, les frontières entre catégories ne sont pas étanches. Les vivaces peuvent elles aussi être classées selon une nomenclature, reposant elle-même sur un code numérique à quatre chiffres. La notion de milieu renvoie en l'occurrence au biotope, mais aussi au type d'utilisation. Le premier chiffre recouvre les milieux suivants :

_ Boisement
_ Lisière de boisement

_ Grands espaces
_ Massif
_ Rocaille
_ Bordure d'eau

Le deuxième chiffrc renvoie à des groupes de sélection (utilisation), le troisième aux exigences en matière de milieu et le quatrième à des indications particulières quant à l'utilisation.

EXIGENCES DES UTILISATEURS ET DES UTILISATIONS

Selon les exigences des végétaux en matière de milieu, il est possible ou non de les mettre en œuvre à l'endroit prévu. La sélection des végétaux se fait en fonction du rôle pratique qu'ils doivent remplir et de leurs qualités esthétiques et paysagères. Dès le début de la phase de conception, il faut déterminer les attentes à l'égard des végétaux en relation avec les besoins de l'utilisateur et discuter avec le maître d'ouvrage de la question de l'entretien nécessaire. Lorsqu'il s'agit d'aménager un jardin pour un particulier, on devrait prendre en compte au stade de la conception les desiderata du client et la manière dont ce dernier envisage l'espace, au même titre que les exigences quant à l'utilisation du terrain. Si la commande s'adresse à une catégorie déterminée d'utilisateurs, p. ex. s'il s'agit de concevoir des espaces libres pour un hôpital, de créer un jardin pour une résidence pour personnes âgées, d'aménager un parc, un cimetière ou une aire de jeu, il faut définir et fixer au préalable avec le client les besoins et exigences de chaque groupe cible.

S'agissant de l'aménagement d'une aire de jeux, il faut choisir des arbres et buissons résistants ; les enfants aiment circuler dans les buissons,

\\ Exemple :
Un jardin comportant des arbres isolés doit être planté de massifs de vivaces opulents. La référence adéquate serait 4.3.3. ; 4 = vivaces pour massifs, 3 = vivaces originaires de forêts de montagne et de zones d'altitude non boisées, à rapprocher des milieux «boisement» et «lisière de boisement», 3 = vivaces appréciant les emplacements frais et supportant l'ombre temporaire. Le quatrième chiffre renseigne notamment sur la sociabilité ; 4.3.3.7 = espèces plantées isolément ou en petits groupes (Anemone japonica), 4.3.3.4. = espèces peu ou pas envahissantes qui peuvent être plantées en groupe (Astilbe x arendsii).

Ill.3:
Espaces de jeux parmi des saules aux
branchages flexibles

Ill.4:
Des espaces de jeux plantés peuvent
devenir des paysages pour les enfants.

dont ils prélèvent des feuilles, des branches, des fleurs et des fruits. › Ill. 3 C'est pourquoi, il est interdit d'y mettre en œuvre des plantes toxiques. › Tab. 1 Il faut en revanche y planter des arbres, lesquels dispensent en été l'ombre nécessaire. › Ill. 4 Les branches et brindilles d'arbres et de buissons tombés à terre servent d'«outils» aux enfants. À partir d'un certain âge, ces derniers escaladent les arbres petits ou grands. Les adolescents ont besoin à la fois d'endroits où se retirer et d'espaces où pratiquer une activité sportive et se montrer. L'aménagement d'une résidence pour personnes âgées répond à des exigences tout autres : la contemplation des plantations et la possibilité de se retrouver sont au cœur des préoccupations des résidants. Il faut faire preuve de variété et de créativité dans la combinaison des couleurs, formes et textures. Les chemins devraient être partiellement bordés d'arbres dispensant de l'ombre et de bancs, afin qu'il soit possible d'observer les plantations à loisir. Les sièges devraient être repérables, tout en étant agréablement ceints de pergolas, de vivaces et de haies basses.

Il est capital de prendre en compte et de fixer relativement tôt, en concertation avec tous les acteurs, l'effet spatial, les mises en relation (contacts visuels), le réseau de routes et chemins existant et à créer, ainsi que le modelé du terrain. Une réalisation en plusieurs tranches est envisageable dans les projets de grande envergure. Certains aménagements de grande ampleur, tels que les plantations et l'installation d'autres éléments structurants comme des pergolas, des jeux d'eau, des bancs et l'éclairage peuvent être réalisés dans le cadre d'une tranche de travaux ultérieure.

L'aménagement d'un cimetière, par exemple, se fait en plusieurs étapes. Il s'agit en général de terrains étendus dont on n'a pas, au départ, l'usage en totalité. Les travaux importants de viabilisation ne sont nécessaires que dans la première tranche de travaux. C'est cependant à ce stade qu'il faut mettre en place le cadre spatial de l'ensemble du terrain (groupes

degré de toxicité	nom botanique	nom commun	parties toxiques*
végétaux très toxiques	Aconitum	aconit	toutes
	Daphne	daphné	toutes
	Taxus	if	toutes, sauf arille (enveloppe des graines)
végétaux toxiques	Buxus sempervirens	buis	toutes
	Convallaria majalis	muguet de mai	toutes
	Crocus	crocus	bulbe
	Cytisus	cytise	feuilles et fleurs
	Cytisus scoparius	genêt à balai	gousses
	Digitalis	digitale	toutes
	Euphorbia	euphorbe	toutes, le suc laiteux en particulier
	Euonymus	fusain	graines, feuilles, écorce
	Hedera helix	lierre	toutes
	Juniperus	genièvre	toutes, les extrémités des branches en particulier
	Laburnum	cytise	toutes, les fleurs, les graines et les racines en particulier
	Lupinus	lupin	graines non trempées ni cuites
	Lycium halimifolium	lyciet	toutes
	Rhododendron	rhododendron	toutes
	Robinia pseudoacacia	robinier faux acacia	écorce
	Solanum dulcamara	douce-amère	les baies en particulier
végétaux faiblement toxiques	Aesculus hippocastanum	Marronnier commun ou d'Inde	fruits verts et enveloppes de fruits
	Fagus sylvatica	hêtre commun	faines
	Ilex	houx	baies
	Ligustrum	troène	fruits
	Lonicera	chèvrefeuille	fruits
	Sambucus	sureau	toutes, sauf les fruits mûrs
	Sorbus aucuparia	sorbier des oiseleurs	fruits
	Symphoricarpos	symphorine	fruits
	Viburnum	viorne	fruits

* Ingérées en grande quantité, les parties de végétaux faiblement toxiques provoquent des malaises.

d'arbres et plantations servant à délimiter des parcelles), afin que, une fois achevé l'aménagement de toutes les parcelles, on ne distingue plus les différentes tranches de travaux. Toutes les plantations servant à délimiter des espaces ont alors atteint le même niveau de développement et la même taille. Il en résulte une impression d'unité de l'ensemble. Cette méthode peut aussi s'appliquer à d'autres installations (zones résidentielles, parcs de loisirs ou de sport), et il faut toujours y recourir pour créer une impression d'ensemble harmonieuse. > Chap. Matériau végétal, Dynamique temporelle

RAPPORT AU SITE

L'aménagement d'un terrain se fait toujours dans un contexte propre et spécifique : le site et son environnement, mais aussi les réalités sociales et socioculturelles. Aussi une étude approfondie du site, de son environnement, de son histoire et de ses utilisateurs est d'un grand secours dans l'élaboration d'un concept. L'analyse met notamment en relief au préalable les systématiques, les interdépendances et relations entre eux des éléments présents sur le site entre eux. Celles-ci fournissent la structure de base sur laquelle repose le concept, lequel peut se fondre harmonieusement dans cette structure, ou bien en donner des interprétations alternatives. On peut tout aussi bien en prendre délibérément le contre-pied ou encore élaborer un avant-projet autonome par rapport aux structures.

L'étude du contexte facilite la compréhension des réalités particulières qui déterminent la situation sur place et conduit à les prendre en compte en connaissance de cause dans le processus de conception.

Une donnée essentielle dans l'aménagement d'un espace libre est constituée par la topographie du terrain à aménager. Qu'il soit parfaitement plan, en pente, en terrasses ou qu'il présente différentes ondulations ou inégalités, sa topographie a toujours des incidences sur la création de l'espace et les rapports entre extérieur et intérieur. Si le terrain entretient des contacts visuels avec le paysage environnant, il convient de déterminer lesquels peuvent présenter un intérêt. > III.5 Dans un cadre portant la marque de l'homme, les influences d'origine culturelle sont en général

> 🗍

Références paysagères et urbanistiques

🗍

\\ Remarque :
Pour de plus amples informations sur la prise en compte du contexte, voir Bert Bielefeld et Sebastian El khouli, *Basics Idée de projet*, Birkhäuser, Bâle 2007.

🗍

\\ Remarque :
Dans le cadre d'un réaménagement architectural et paysager, il est important que le concept soit le fruit d'une étroite collaboration entre architectes, urbanistes et architectes paysagers (voir Ill. 6 et 7).

Ill.5:
Des vergers façonnent un paysage.

Ill.6:
Le parti pris urbanistique crée
l'espace urbain.

Ill.7:
Interaction des formes architecturale
et naturelle

Ill.8:
Un nouveau langage formel sur une base
historique

> 🔖

Références
historiques

aussi déterminantes que les influences naturelles. Il y a souvent des constructions, des routes ou des arbres qui servent de repères dans l'aménagement d'un espace libre.

L'étude du site ne se limite pas à son analyse purement spatiale.
Chaque transformation est aussi toujours en réaction à l'histoire du lieu
et contribue par là même à façonner son visage futur. L'aménagement
et la transformation de l'existant sont des interventions perçues par
l'environnement comme faisant partie d'un processus continu. À cet égard,

19

il ne faut cependant pas perdre de vue que ce travail sur les références doit toujours être en adéquation avec la signification du projet. Il peut ainsi se révéler pertinent et nécessaire de mettre en exergue le rapport aux événements historiques dans les sites à portée sociale, tels que parc ou mémorial. › III. 8

FONCTION

Les végétaux ont des propriétés très diverses, et donc des fonctions et effets différents pour l'équilibre naturel et l'être humain. › III. 9 L'homme s'intéresse avant tout à la question de savoir si et comment les plantes ont des rôles économiques et techniques à remplir et de quelle manière leurs

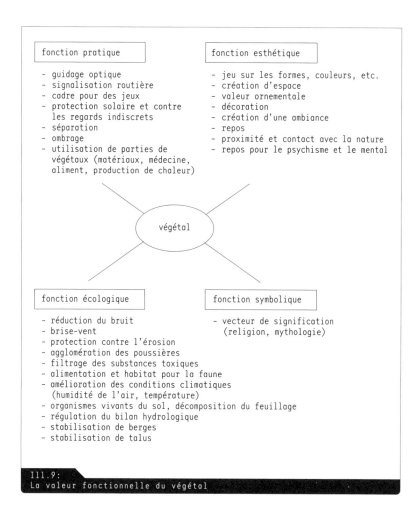

fonction pratique
- guidage optique
- signalisation routière
- cadre pour des jeux
- protection solaire et contre les regards indiscrets
- séparation
- ombrage
- utilisation de parties de végétaux (matériaux, médecine, aliment, production de chaleur)

fonction esthétique
- jeu sur les formes, couleurs, etc.
- création d'espace
- valeur ornementale
- décoration
- création d'une ambiance
- repos
- proximité et contact avec la nature
- repos pour le psychisme et le mental

végétal

fonction écologique
- réduction du bruit
- brise-vent
- protection contre l'érosion
- agglomération des poussières
- filtrage des substances toxiques
- alimentation et habitat pour la faune
- amélioration des conditions climatiques (humidité de l'air, température)
- organismes vivants du sol, décomposition du feuillage
- régulation du bilan hydrologique
- stabilisation de berges
- stabilisation de talus

fonction symbolique
- vecteur de signification (religion, mythologie)

Ill.9:
La valeur fonctionnelle du végétal

Ill.10:
Un groupe d'arbres encadrant un calvaire est un point de repère marquant.

caractéristiques optiques (forme, couleur, etc.) sont mises en valeur. L'aspect d'un végétal (habitus, feuillage, fleurs, fruits) est riche d'expériences sensorielles pour l'être humain et a une importance non négligeable pour le psychisme et le mental. Le rôle des plantes dans l'équilibre naturel et la régulation du climat est primordial. Les fonctions esthétiques, écologiques et techniques ne devraient pas s'exclure mutuellement, mais se conjuguer.

Création d'espace

Les espaces libres sont largement structurés par des végétaux, qui servent à l'étagement et à la délimitation à différentes hauteurs (de l'arbre au bulbe). Des groupes de plantes ou des arbres isolés peuvent aussi servir de traits d'union entre différentes utilisations de l'espace. La taille et la forme d'un espace peuvent être modulées par des végétaux plantés en groupes ou en alignements. › Chap. Structures spatiales

Guidage optique

Les végétaux ont une fonction de guidage sous forme de signalisation routière, point de repère et marquage utilitaire (p. ex. les haies libres délimitant les unités cadastrales). › Ill. 10 Plantés en bordure de routes et chemins, des groupes d'arbres isolés ou des peuplements plus importants peuvent souligner le guidage optique de manière judicieuse.

Protection

Mis en œuvre de différentes manières, les végétaux peuvent protéger efficacement contre les effets climatiques ou les activités dangereuses pour l'environnement (p. ex. tempêtes, bruit). Les arbres aux branches retombantes protègent l'homme en été d'une luminosité excessive et de la chaleur. En hiver, les branchages dénudés offrent une vue dégagée et laissent passer les rayons du soleil. Des haies denses peuvent, selon les cas,

Ill.11:
Des groupes d'arbres forment des endroits où se retirer et créent une ambiance par des jeux d'ombre et de lumière.

Ill.12:
De vastes pelouses se prêtent à la pratique de sports et aux jeux.

réduire, voire intercepter vent, bruit ou poussières. Des plantations basses denses protègent les terrains en pente et les talus de l'érosion.

Les végétaux ont souvent plusieurs fonctions concomitantes. Par exemple, des haies taillées ou non taillées encadrant des emplacements de parking structurent l'espace tout en protégeant des regards indiscrets. Avec leurs branchages retombants, les arbres forment un toit au-dessus des emplacements et protègent ainsi du soleil en été.

Ambiance et repos

On ne commence en général à s'intéresser à l'aménagement paysager que lorsqu'on envisage d'agencer un terrain qui nous appartient. Un jardin doit remplir les fonctions qui lui sont assignées d'une manière équilibrée d'un point de vue formel. Il acquiert un pouvoir et une aura particuliers quand il suscite chez l'observateur certaines impressions et sentiments : calme, mais aussi délassement, sérénité, sécurité ou protection. Les êtres humains ressentent de la joie à l'observation des plantes, ils sont en quête de bien-être dans des endroits respirant l'harmonie et réservant des surprises. Jardins et parcs sont une représentation rêvée et condensée du monde et réveillent dans l'être humain une force suggestive, l'envie de se rapprocher du jardin originel, le paradis. Parcs et jardins n'en sont pas moins des miroirs de leur temps. On doit pouvoir y reconnaître les réalités sociales, artistiques, économiques, écologiques ainsi que fonctionnelles. > Ill. 11 et 12 Un seul et même projet sur le papier peut donner naissance à des jardins, des places et des espaces urbains très différents les uns des autres, selon l'approche privilégiée pour composer les plantations. La ville, par exemple, se caractérise par son hétérogénéité, par le synchronisme de ses événements. L'architecture paysagère en milieu urbain prospère sur le

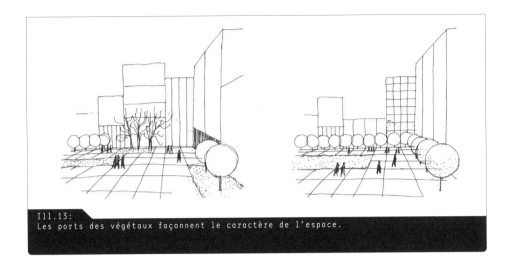

Ill.13:
Les ports des végétaux façonnent le caractère de l'espace.

terreau de la diversité et fait écho au caractère particulier et à la poésie de chaque lieu. › Ill. 13 L'aspect des végétaux joue à ce titre un rôle important et peut conférer à une place, un jardin ou un parc des personnalités différentes. › Tab. 2 Par exemple, des essences poussant en toute liberté confèrent à un aménagement un caractère naturel et champêtre, tandis que les essences subissant une taille de formation lui donnent une apparence formelle, représentative. Les divers coloris, textures et structures créent différents tableaux et ambiances. › Chap. Matériau végétal, Apparence des végétaux La sélection des végétaux appropriés est dans une large mesure fonction de la situation du terrain, de la nature des sols, du climat, mais aussi de l'entretien à prévoir. Par ailleurs, il faut tenir compte du fait que tout jardin, quelle que soit sa taille, requiert assez de discipline et d'attention, pour que sa conception de départ reste reconnaissable encore après des années et ne soit pas littéralement masquée par des végétaux à croissance trop forte ou plantés trop serrés ou sans discernement. Quel que soit le style soustendant le projet, l'ambiance perceptible dans le jardin continuera d'une certaine manière de porter l'empreinte du «jardinier» pendant des années. Et il doit en être ainsi car c'est seulement de cette manière qu'un jardin développe son atmosphère et sa sécurité propres.

Orientation et guidage

Dans une signalisation directe, le but à atteindre est visible et peut être atteint directement. C'est la forme d'orientation la plus naturelle et la plus proche de la manière de se déplacer de l'homme. Plus des espaces intermédiaires sont intégrés de manière naturelle et judicieuse, plus une signalisation se révèle intéressante. Poussés instinctivement à atteindre un but déterminé, les utilisateurs sont guidés dans leur progression. Il

23

Ill.14:
Des cordons de haies créent des perspectives et permettent de s'orienter.

Ill.15:
Des arbres servant de repères sont exhaussés par la topographie.

Tab.2:
Adjectifs caractérisant les plantations

clair	/	obscur
représentatif	/	sobre
paisible	/	tapageur
luxuriant	/	rabougri
strict	/	souple
extensif	/	intensif
formel	/	paysager
varié	/	monotone
naturel	/	artificiel
vaste	/	exigu
robuste	/	fragile
imposant	/	délicat
sauvage	/	cultivé

faut cependant éviter que le but soit visible trop tôt, afin de couper toute envie de prendre un raccourci. Des plantations, mais aussi des sièges et des points de vue peuvent assumer une fonction de guidage en tant que signalisation, repère ou marquage spatial (p. ex. une limite de parcelle). En bordure de chemins et de routes, des haies, des arbres isolés, des groupes d'arbres ou des peuplements importants peuvent renforcer le guidage optique. › Ill. 14 Avant tout, les arbres d'alignement indiquent déjà de loin des directions. › Chap. Structures spatiales, Groupements L'aménagement de voies au tracé sinueux ne doit pas devenir une fin en soi. Tout virage devrait être le fruit des facteurs topographiques (modelé du terrain, végétation) ou scéniques (contacts visuels) existant réellement. › Ill. 15

STRUCTURES SPATIALES

Dans le domaine de l'aménagement d'espaces libres, comme en architecture, la création d'espaces se situe au premier plan. L'homme est en quête d'espaces, d'endroits où il puisse s'orienter, et d'une certaine manière, trouver refuge. Créer un espace signifie aussi créer des les délimitations qui, en extérieur, peuvent se réaliser de différentes manières : modelage du terrain, plantations ou constructions. De simples allusions, comme une dépression, des buissons, une cuvette ou un arbre au port retombant, peuvent suffire à la perception d'un espace. Quand, dans un aménagement nouveau, se pose la question d'une forme nouvelle et d'une création d'espaces dans un environnement donné, des recherches sur l'histoire du site peuvent se révéler instructives. Un espace peut, mais pas obligatoirement, présenter une forme géométrique ; plus il sera créé indépendamment de son environnement, de sa localisation et de sa fonction, plus grande sera la liberté dans le choix de sa forme. En élaborant des structures spatiales, on crée souvent une certaine tension en jouant sur des contraires comme immensité et exiguïté ou encore proximité et éloignement. Cette observation repose sur l'impression d'étendue et de vue d'ensemble ou de sécurité et d'ouverture.

CRÉATION D'ESPACE

Les espaces sont créés dans le paysage au moyen de limites verticales, c'est-à-dire latérales, qui peuvent n'être que suggérées par des éléments colonnaires. › III. 16 Des arbres et des constructions façonnent les espaces urbains. Deux constructions reliées par une rangée d'arbres forment une délimitation latérale. Quand des rangées d'arbres ceignent une surface sur quatre côtés, il en résulte une salle de verdure. Si cette dernière est encadrée par des constructions, on obtient une place qui peut avoir différentes affectations publiques. Elle peut servir de point de rencontre ou accueillir des marchés. Mais on peut aussi créer un espace en ménageant une dépression dans une surface plane ou des terrasses dans une pente. Dans un espace non bâti, des éléments contigus et horizontaux suffisent dans bien des cas à suggérer un espace. › III. 17 Il est important de souligner les contours là où la forme de l'espace doit être reconnaissable. › III. 18 C'est pourquoi les arrondis et les angles doivent être reconnaissables quand ils sont censés souligner la forme de l'espace. › III. 19 Les espaces prévus pour y séjourner longtemps sont préparés et aménagés dans ce sens. Un arbre isolé ou une pergola couverte de plantes grimpantes, que l'on peut utiliser comme tonnelle ou pavillon, peuvent suffire à cet effet. Un espace en plein air est presque toujours visible, car il doit aussi en général offrir une vue sur quelque chose. Un nombre limité d'éléments, de végétaux et

Ill.16:
Arbres au port colonnaire délimitant
l'espace

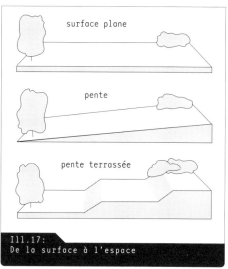

surface plane

pente

pente terrassée

Ill.17:
De la surface à l'espace

Ill.18:
Une haie en arc de cercle souligne les
contours de l'espace.

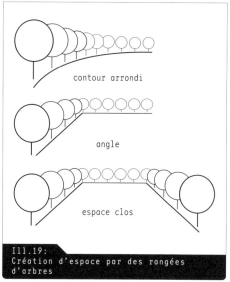

contour arrondi

angle

espace clos

Ill.19:
Création d'espace par des rangées
d'arbres

de supports suffisent à donner une charpente à un espace, à lui donner des contours ; des détails bien pensés créent une atmosphère particulière. › Chap. Bases de conception, Fonction Des groupes d'arbres ou des sujets isolés peuvent être des éléments de séparation ou de connexion dans le cadre de

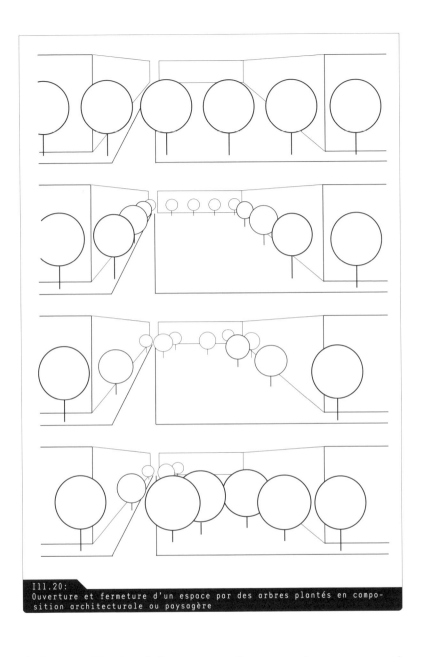

différentes utilisations de l'espace. › Ill. 20 Des espaces clos peuvent quant à
eux être ouverts, présenter des lacunes dans leur enceinte. Dans le contexte
des chemins et des routes, allées, groupes d'arbres isolés et peuplements
importants assurent un guidage optique propre à créer un espace.

STRUCTURATION DE L'ESPACE

Aménager avec des végétaux signifie ordonner. La formation, dans le plan horizontal et dans l'espace, de structures qui soient déchiffrables est nécessaire à la compréhension des intentions créatrices et des fonctions de l'espace libre. L'objectif de la structuration n'est cependant pas la monotonie, car on ne peut pas ordonner cette dernière. À l'inverse, une nature luxuriante requiert une structure visible. L'aménagement paysager demande avant tout un ordonnancement approprié. C'est-à-dire une disposition des végétaux telle que leurs effets ne s'entravent ni ne s'annulent mutuellement, mais se renforcent. Il est donc nécessaire de hiérarchiser les différentes espèces en fonction de leur mode de croissance ainsi que de les classer par formes et coloris. › Chap. Matériau végétal, Principes de conception et Chap. Matériau végétal, Apparence des végétaux La structuration verticale de l'espace est un objectif primordial. L'association d'un arbre de grande taille avec des

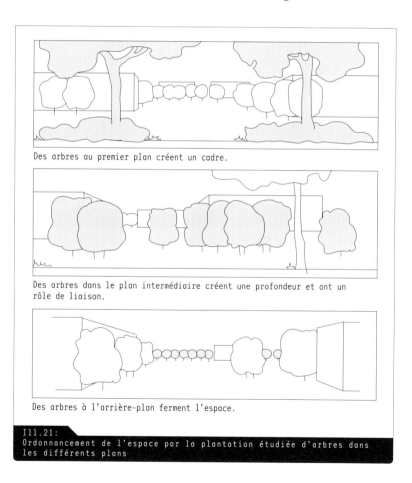

Des arbres au premier plan créent un cadre.

Des arbres dans le plan intermédiaire créent une profondeur et ont un rôle de liaison.

Des arbres à l'arrière-plan ferment l'espace.

Ill.21:
Ordonnancement de l'espace par la plantation étudiée d'arbres dans les différents plans

Ill.22:
Division et segmentation de l'espace
par des plissements de terrain et des
sujets isolés

Ill.23:
L'étagement et le recours à de végétaux
aux caractères différents structurent
l'espace.

plantations basses crée un effet optique intéressant, à condition de prendre en compte le fait que les végétaux coexistent plus durablement quand ils se développent dans une composition étagée tenant compte des besoins en lumière de chacun, ce qui permet d'éviter la concurrence.

Premier plan, plan intermédiaire, arrière-plan

La structuration de l'espace se reflète dans l'aménagement végétal du premier plan, du plan intermédiaire et de l'arrière-plan d'un espace libre formant une unité, lequel tient compte des variations affectant les tailles et les couleurs en fonction de l'éloignement. Le rôle des arbres varie en fonction de leur situation : au premier plan, ils n'ont pas la même tâche que ceux situés à l'arrière-plan. Ceux du premier plan introduisent dans le tableau architectural et dispensent de l'ombre, permettant ainsi à l'observateur de contempler ce tableau à loisir. Les arbres du plan intermédiaire constituent des repères et donnent une profondeur à l'espace. Ceux situés à l'arrière-plan délimitent cet espace : donnant une unité de conception au jardin, ils ont d'ailleurs souvent la double fonction de créer un fond et d'assurer une continuité visuelle avec le paysage environnant ou le milieu.
> Ill. 21

Une plantation sophistiquée – parterre ou massif de vivaces – au premier plan est mise en valeur par un arrière-plan sobre. Une structuration de l'espace peut aussi s'exprimer par une succession de sous-espaces ayant chacun une destination et un aménagement différents, à l'instar des jardins à thème. > Ill. 22

Quoi qu'il en soit, il faut tenir compte du fait que, à la différence des espaces architecturaux, l'espace libre créé par des végétaux est soumis à des transformations liées à la croissance de ses éléments. Le meilleur moyen de fixer les proportions d'un espace est de pratiquer régulièrement une taille de formation, incontournable dans les jardins à caractère architectonique. > Ill. 23

29

LIMITES

On peut créer des limites spatiales par des moyens très divers. Des bâtiments, des murs, des clôtures, des haies ou des talus peuvent constituer des délimitations ayant une substance uniforme. L'alignement d'éléments de natures diverses – p. ex. arbres ou buissons isolés, supports pour plantes grimpantes, équipements, pierres, portions de murets et buttes – donne des limites mixtes. Si l'on crée des limites au moyen de végétaux, il faut aussi savoir qu'ils évoluent au fil du temps, qu'ils croissent et qu'en sujets isolés, ils changent d'aspect. Ainsi, un jardin vaste et ouvert dans les années suivant son aménagement peut, faute de soins et d'une taille d'entretien, devenir en l'espace de 20 à 30 ans un espace fermé oppressant. C'est pourquoi, quand on sélectionne une espèce végétale et qu'on choisit son emplacement, il est important de connaître au stade de la conception sa taille à l'âge adulte et son port au fil du temps et en fonction de son emplacement (sujet isolé ou groupement dense d'arbres ou de buissons). Des mesures d'entretien annuelles comme l'émondage permettent d'éviter la prolifération de rameaux ou le dégarnissement à leur base de haies vives et de buissons. Conjuguée à la superficie de la parcelle ceinte, la hauteur d'une clôture détermine l'ouverture sur le ciel, donnant ainsi un sentiment d'espace ou d'exiguïté. À noter qu'une haie de 2 m de hauteur perd de sa présence spatiale proportionnellement à la distance qui la sépare de l'observateur, si bien que plus une superficie est importante, plus les séparations verticales doivent être hautes ; des ondulations de terrain structurant l'espace (dépressions, buttes, terrasses) le montrent de manière encore plus nette. La hauteur d'une délimitation doit se situer au-dessous ou au-dessus de la hauteur des yeux (env. 1,7 m). › III. 24 Des délimitations basses comme des haies, des treillages, des degrés et des bordures contribuent elles aussi à structurer l'espace, quand elles sont perpendiculaires à l'axe de vision. Elles sont suffisantes pour marquer les limites d'un jardin ou effectuer un cloisonnement entre différentes fonctions. Elles établissent en même temps un lien avec l'environnement. L'espace paraît plus grand en raison de la présence de ces éléments structurants. Des murs végétaux taillés, voire des rangées d'arbres poussant en toute liberté, servent quant à eux à encadrer et délimiter clairement des espaces. Selon la transparence et la texture voulues, les formes de végétation propres à créer un espace et les types de supports pour plantes grimpantes envisageables sont nombreuses. Le choix va des treillages fins ajourés et recouverts d'une végétation peu dense aux murs massifs constitués par des haies taillées ou des parois végétalisées. › III. 25 et 26 Les arbres à port retombant, les arbustes touffus et les baliveaux – lesquels ne sont pas ébranchés à la base – sont occultants, tandis que les arbres de haute tige ou les grands arbustes élagués n'arrêtent pas le regard. Avec des arbres et arbustes à feuillage caduc, l'espace prend une apparence très

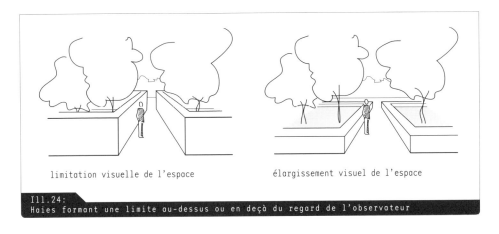

limitation visuelle de l'espace   élargissement visuel de l'espace

Ill.24:
Haies formant une limite au-dessus ou en deçà du regard de l'observateur

Ill.25:
Des essences se prêtant à une taille de formation donnent des contours nets à l'espace.

Ill.26:
Une pergola recouverte de plantes grimpantes fait office de limite spatiale à caractère architectural.

différente en hiver. Le jeu de lumières et d'ombres, les couleurs et les textures des espèces sélectionnées devraient s'accorder à la tonalité d'ensemble de l'espace aménagé (aire de jeux, architecture d'apparat, cimetière, etc.).

> Chap. Matériau végétal, Apparence des végétaux

GROUPEMENTS

Des éléments perçus individuellement en viennent à former une unité si on les assemble sur la base de caractéristiques communes. Par exemple, des arbres disposés en groupes peuvent créer un espace. Cette disposition peut être aussi bien stricte et régulière (arbres plantés en quadrillage) que souple et irrégulière (bois clair).

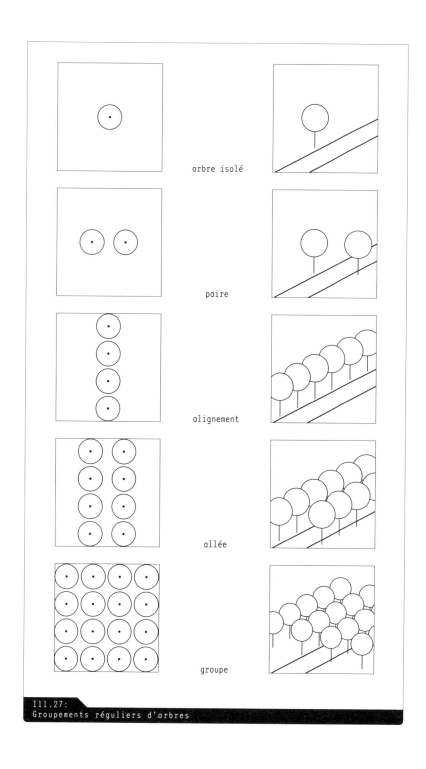

arbre isolé

paire

alignement

allée

groupe

Il1.27:
Groupements réguliers d'arbres

32

Ill.28:
Arbre isolé

Ill.29:
Paire d'arbres

Groupement régulier

Des groupes réguliers permettent de donner une touche de verdure appuyée à des espaces libres urbains. Quand plus d'une dizaine d'arbres sont disposés d'une même manière, on ne parle plus de groupement mais de plantation en quadrillage. Cet élément décoratif très sobre n'en produit pas moins beaucoup d'effet. › Ill. 27

Arbres isolés

En pleine nature, les arbres isolés adultes produisent beaucoup d'effet, ce sont des repères visibles de loin. En art paysager, ils sont soit intégrés clairement à la conception du plan, placés à un endroit marquant, au point d'aboutissement d'un chemin ou d'un axe de vision, comme élément central ou pilier d'angle d'un jardin, soit disposés à dessein en dehors de tout ordonnancement dans le but de créer un contraste. › Ill. 28

Paires d'arbres

Les paires d'arbres constituent aussi des éléments décoratifs dans un paysage, un jardin et dans l'espace urbain. › Ill. 29 Au jardin, entrées, sièges, cabanons de jardin ou passages d'une salle de verdure à une autre sont flanqués de paires d'arbres, qui les mettent en valeur. Dans un contexte urbain ou en architecture, des paires d'arbres marquent souvent des entrées monumentales.

Alignements d'arbres

Dans de nombreux paysages culturels d'Europe, les alignements d'arbres comptent parmi les éléments structurants les plus importants. En art paysager également, les alignements d'arbres sont des éléments décoratifs récurrents, qui structurent et rythment l'espace. › Ill. 30 En milieu urbain, les cours d'eau, les avenues et les places sont bordés d'arbres. Ces derniers produisent souvent bien davantage d'effet que les contours des

Ill.30:
Alignement d'arbres

édifices. D'où l'importance, pour la création d'un tableau urbain harmonieux, d'une planification cohérente des espaces verts. Les alignements d'arbres jouent différents rôles :

_ Ils peuvent indiquer des directions.
_ Ils peuvent servir d'écrans visuels.
_ Ils peuvent créer des espaces et des contours.
_ Ils peuvent harmoniser l'apparence de façades sur rue.

Les arbres peuvent jouer un rôle de régulateurs optiques quand le bâti est disparate ou que l'aspect d'une rue est désordonné et irrégulier. À l'inverse, des arbres peuvent aussi rompre la monotonie d'une rue. › Ill. 31

Allées

Deux rangées d'arbres parallèles forment une allée. Les allées sont une des manières les plus spectaculaires de mettre en scène des arbres. On entend par « allée » ou « avenue », une voie bordée d'arbres de chaque côté. › Ill. 32 En ville, on peut flâner ou jouer sous les arbres des allées ; des arbres plantés en bordure de chaussée ou sur le terre-plein central donnent du panache à une rue. Des avenues prestigieuses, comme « Unter den Linden » à Berlin, sont connues dans le monde entier. Les plantations en bordure de voie confèrent davantage de douceur et de cachet au paysage urbain et à la rue concernée. L'histoire des allées débute à la Renaissance pour atteindre son apogée au XVIIIe siècle. Sous l'Ancien Régime, les allées rectilignes se développant sur plusieurs kilomètres devinrent l'expression de la domination exercée par l'homme sur le paysage. La route Napoléon, jalonnée de rangées de peupliers, en est une illustration. Monarques et seigneurs firent planter des arbres dispensant de l'ombre de part et d'autre des avenues

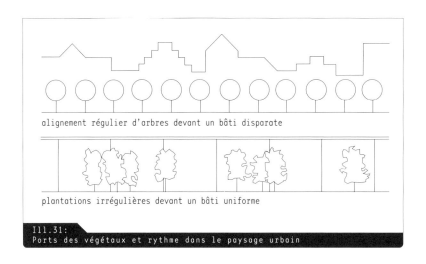

alignement régulier d'arbres devant un bâti disparate

plantations irrégulières devant un bâti uniforme

Ill.31:
Ports des végétaux et rythme dans le paysage urbain

Ill.32:
Allée plantée d'arbres

menant à leurs châteaux, domaines et chasses. Dans les plantations en alignement, il est recommandé d'espacer les sujets de 5 à 15 m selon les espèces. Plus on plante densément, plus l'espace est structuré.

Groupe d'arbres   Un groupe d'arbres est constitué de sujets de même âge et de même essence. Ces derniers sont plantés à intervalles réguliers dans toutes les directions, généralement sur des surfaces rectangulaires. Cet ordonnancement régulier aux allures architecturales est souligné par des feuillus à houppier fourni comme le marronnier d'Inde ou l'érable. La forme cubique des houppiers des tilleuls taillés en plateau-rideau donne à cet

Ill.33:
Place arborée

ordonnancement un caractère construit, le groupe d'arbres s'intégrant à l'architecture urbaine. Plusieurs rangées parallèles donnent des axes (boulevards) intéressants du point de vue urbanistique. Une touffe régulière parmi des essences croissant plus librement (parc paysager) attire l'attention sur l'architecture (édifices et places en leur centre).

Places arborées

Quand plus d'une dizaine d'arbres sont plantés de façon régulière, il ne s'agit plus d'un groupe d'arbres, mais d'une plantation en quadrillage. › Ill. 33 En ville, les places arborées ne servent pas uniquement à structurer l'espace. Elles ont de nombreuses autres fonctions importantes, notamment :

_ Servir de point de rencontre
_ Dispenser de l'ombre
_ Servir de cadre à des activités diverses
_ Contribuer à l'amélioration du microclimat

Les usagers apprécient ces places d'autant plus qu'ils peuvent choisir entre ombre et soleil. En été plus particulièrement, les endroits ombragés sont pris d'assaut l'après-midi ou en début de soirée. Ces places peuvent être agrémentées de bassins, massifs hauts en couleur, haies, buissons et murets qui structurent l'espace.

Plantation
paysagère
d'arbres

La plantation paysagère d'arbres en milieu urbain remplit une fonction esthétique double : elle modèle le paysage urbain et introduit la nature dans la ville, à moins qu'il ne s'agisse d'un simple « résidu » de nature. › Ill. 34 Sa principale fonction consiste à souligner la différence par rapport au non-naturel, c'est-à-dire à l'environnement bâti. Au fil des siècles, les villes ont été construites selon des plans géométriques, des quadrillages et des formes rigides. Au sein de cet ensemble formel rigide, la plantation

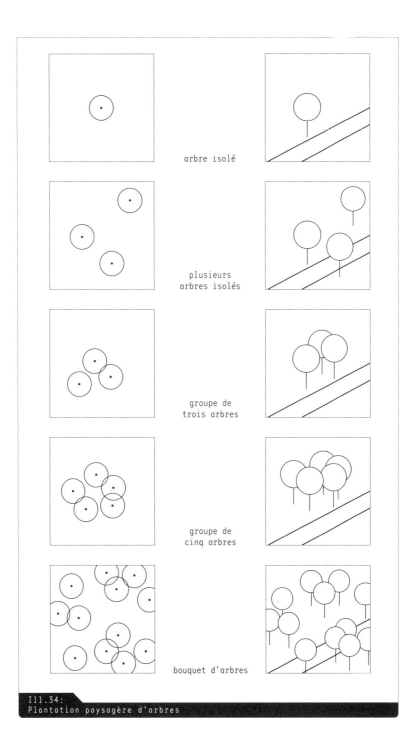

arbre isolé

plusieurs
arbres isolés

groupe de
trois arbres

groupe de
cinq arbres

bouquet d'arbres

Ill.34:
Plantation paysagère d'arbres

Ill.35:
Groupe d'arbres

paysagère d'arbres représente un pan de nature, qui se développe de manière diamétralement opposée à la croissance urbaine rationnelle. La plantation paysagère d'arbres recouvre :

_ L'arbre isolé
_ Plusieurs arbres isolés
_ Le groupe de trois arbres
_ Le groupe de cinq arbres
_ Le bouquet d'arbres

Groupes
d'arbres

Le groupe d'arbres ne remplit pas la même fonction que l'alignement d'arbres dans une allée. Il ne met pas uniquement des constructions en valeur, mais il peut aussi délimiter de petites surfaces ou se substituer à un chaînon manquant dans l'architecture urbaine. Des groupes d'arbres disposés de manière étudiée guident le regard de l'observateur et donnent de la profondeur à l'espace non bâti. › III. 35 En jouant à la fois sur la topographie et la disposition des groupes d'arbres, on peut créer des jardins paysagers attrayants. Quels que soient les époques et les styles, les groupes d'arbres ont été mis en œuvre en art paysager non seulement dans des formes librement composées, mais encore dans des ordonnancements géométriques. Les groupes d'arbres disposés selon un plan géométrique sont souvent plantés à des intervalles très réduits de 1,5 à 2,5 m, ce qui donne des groupes compacts.

38

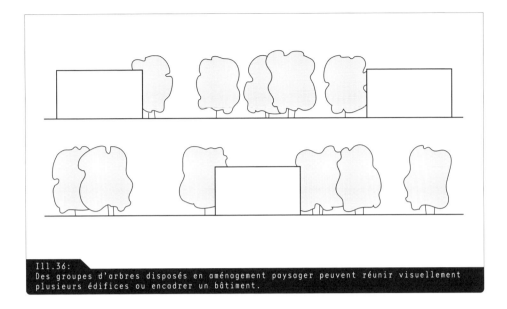

Ill.36:
Des groupes d'arbres disposés en aménagement paysager peuvent réunir visuellement plusieurs édifices ou encadrer un bâtiment.

Quelques arbres et groupes informels suffisent à encadrer un bâtiment ou à créer une unité visuelle entre plusieurs bâtiments. › Ill. 36 Les arbres donnent de la profondeur et adoucissent les angles des bâtiments. Quelques arbres, isolés ou en petits groupes, suffisent pour que l'on perçoive comme une unité visuelle même des constructions de formes différentes. › Ill. 37 L'emploi généralisé d'une essence dans des bâtis et lotissements disparates donne une impression d'unité. Une plantation thématique peut ainsi donner une certaine visibilité et lisibilité à un quartier, tant pour ses habitants que pour les visiteurs.

Peuplement
mono-essence

Chaque peuplement mono-essence présente des caractères différents et crée des ambiances diverses. Cela tient avant tout à l'essence choisie (p. ex. feuillage peu fourni à très fourni ; vert foncé ou vert clair, luisant ou mat), mais aussi à la densité et à la structure (rigide, formelle, libre, irrégulière) de la plantation. Un massif de cette nature comprend des sujets de même essence et de même âge. On peut accentuer son caractère ouvert par la mise en œuvre d'essences à houppier peu fourni et texture fine (p. ex. bouleau, mélèze, pin, robinier) et par un verdissement au sol assuré par des couvre-sol, des graminées basses et du gazon. › Ill. 38 Selon l'essence, l'âge des arbres et leur espacement, l'ambiance créée est différente. Un peuplement peu dense de hêtres hauts est clair et accueillant, tandis qu'une pinède, avec son feuillage persistant, est sombre. Le massif disposé de manière naturelle ne se conforme pas à un quadrillage régulier, contrairement au peuplement ordonné. Les

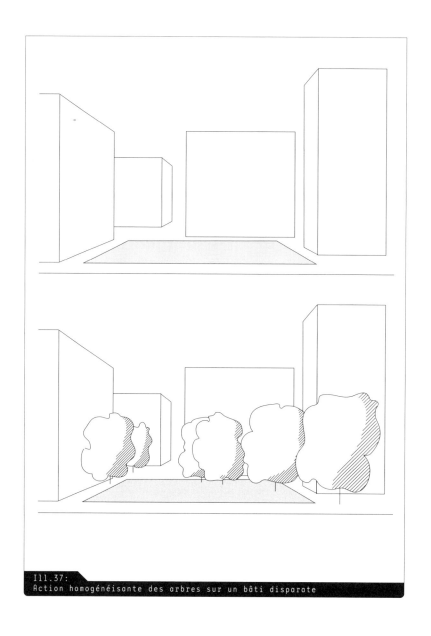

Ill.37:
Action homogénéisante des arbres sur un bâti disparate

arbres sont « disséminés ». Zones d'ombres et de lumière se succèdent à
intervalles irréguliers, de grands vides alternent avec des vides plus petits, des portions peu touffues avec des portions très touffues. L'éventail
des impressions produites va, selon l'espèce choisie, du bucolisme à la
mélancolie.

Ill.38:
Une boulaie clairsemée sur une surface
fortement modelée

Ill.39:
Le gazon comme couverture du sol

NIVEAUX/ÉTAGEMENT EN HAUTEUR

Les différences de hauteur ont un fort potentiel de structuration de l'espace. La dénivellation, à savoir la différence entre deux niveaux, délimite l'espace. Les dénivelés peuvent être abrupts ou progressifs. Dans les espaces libres, des niveaux différents sont souvent créés et structurés par un étagement des végétaux (du gazon à l'arbre); gazon, prairie, couvre-sol et arbustes donnent une impression d'étendue et soulignent le plan horizontal. Buissons, haies, arbrisseaux, arbres isolés ou non gagnent en pouvoir structurant à mesure qu'ils grandissent. Les plantes grimpantes, comme la vigne vierge, permettent de créer de hauts rideaux de verdure.

Plan horizontal   Les surfaces gazonnées rases, les prairies, les couvertures végétales basses constituées de vivaces et autres essences homogènes ainsi que de plantations arrivant au genou produisent, du fait de leurs textures, couleurs et structures diverses, des effets différents dans le plan horizontal et des ambiances variables comme la solennité, la tranquillité ou la légèreté. Le gazon est le sol par excellence du jardin aménagé. › Ill. 39 Avec sa texture souple constante, un gazon tondu régulièrement produit l'effet d'un tapis et est apaisant pour les yeux. C'est pourquoi les surfaces gazonnées devraient être vastes et d'un seul tenant. Un gazon ras souligne le modelé du terrain. Les prairies changent d'aspect tout au long de l'année. Les couleurs des espèces de fleurs et de graminées qui alternent au fil des saisons donnent à une prairie un aspect très changeant. Dans un aménagement paysager, la tonte peut servir à créer des contrastes intéressants, sous forme de chemins obtenus en tondant certaines portions d'une prairie ou ses bordures. › Chap. Matériel végétal, Principes de conception et Chap. Matériel végétal, Apparence des végétaux

Avec leurs textures et leurs coloris variés, les couvre-sol sempervirents présentent une surface plus animée que le gazon. Plus le feuillage est fin et plus les plantes utilisées sont basses, plus l'impression d'homogénéité de la surface est forte.

› ✎
Profondeur

Les éléments créant un effet de profondeur sont les arbustes, haies, arbrisseaux, arbres isolés, groupes d'arbres et façades végétalisées. Plantés sur des surfaces gazonnées dans des jardins et paysages, arbustes et haies ont pour fonction de subdiviser les surfaces, de les délimiter et de donner ainsi une profondeur à l'espace. › Chap. Structures spatiales, Création d'espace Si l'on souhaite obtenir un écran visuel, on peut planter en quinconce des haies d'arbustes à intervalles espacés, ce qui donne des arrière-plans intéressants. › Chap. Structures spatiales, Structuration de l'espace Par ailleurs, les arbustes font la transition entre les arbres et les plantes basses ainsi qu'entre la pleine nature et le jardin ou le parc. Le feuillage est la principale caractéristique des arbustes. Si ces derniers parviennent à couvrir une grande surface à la hauteur des yeux, leurs feuilles contribuent largement à l'impression d'ensemble, laquelle pouvant être aussi bien mesurée que monumentale. › Ill. 40 Les arbustes conservent certes leur attrait au fil des décennies (teintes du feuillage, fleurs, fruits), mais ils n'ont pas de structure accusée.

Les haies taillées sont, avec les arbres, l'un des principaux éléments d'un aménagement paysager car elles introduisent une composante formelle dans la conception, structurent l'espace et produisent beaucoup d'effet avec leurs contours, structures et textures. › Chap. Structures spatiales, Limites et Chap. Matériau végétal, Apparence des végétaux Les haies taillées peuvent prendre l'apparence :

_ D'une salle de verdure
_ D'une banquette de verdure
_ D'une palissade

✎

\\ Astuce :
Utiliser une seule espèce végétale, p. ex. une espèce de couvre-sol, à grande échelle dans l'aménagement paysager d'une résidence, relie entre elles différentes parties et clarifie le schéma de plantation.

Ill.40:
Des arbres et des haies créent
un espace.

_ D'un buisson
_ D'une haie libre

Des espaces peuvent être délimités par des végétaux plantés en haies plus hautes que l'œil humain. Ces salles de verdure peuvent abriter des plantations à thème formant une unité. Les banquettes arrivent à la taille de l'observateur et peuvent être disposées en éventail, en vagues et selon d'autres formes ludiques. Les palissades forment des parois de verdure; elles peuvent aussi bien être plantées indépendamment de l'architecture que contraster avec cette dernière. Les buissons taillés peuvent être des cubes de verdure étagés en hauteur; la disposition sur plusieurs rangées accroît l'impression de profondeur. Les haies ne subissant qu'une taille d'entretien sont d'une grande plasticité. Dans les aménagements de l'architecte paysager belge Jacques Wirtz, les haies taillées sont des éléments de style.

Plan vertical
Des surfaces verticales comme des parois et des murs, mais aussi des éléments verticaux comme des pergolas, des galeries de verdure et des murs de protection contre les regards indiscrets délimitent des espaces de manière fermée ou transparente. Recouverts de grimpantes, entièrement ou partiellement, ils se convertissent en rideaux verts et fleuris. La

Ill. 41:
Des façades végétalisées délimitent
verticalement l'espace.

végétalisation d'une façade ou d'un mur tout entier donne une texture intéressante, produit l'effet d'un habit de verdure. › Ill. 41 Une végétalisation partielle crée quant à elle un rythme. Pergolas, galeries de verdure et espaliers colonisés par des végétaux constituent des transitions douces et des détails ornementaux. Les bâtiments acquièrent une personnalité propre. Dans des espaces très réduits, des plantes grimpantes peuvent verdir des éléments verticaux. On classe ces plantes d'après la manière dont elles s'accrochent à leur support. Certaines peuvent pousser sur des surfaces et éléments verticaux (mais aussi horizontaux) sans aide, tandis que celles dotées de vrilles et les plantes volubiles ont besoin d'un support pour s'enrouler. › Ill. 42 et Tab. 3

On peut aussi créer des parois avec des plantes pour haies cultivées en pépinière. Dans la sélection des espèces, la taille à l'âge adulte, la densité du feuillage et le choix entre feuillage estival ou hivernal sont décisifs. Pour conserver leur forme et rester touffues, les haies doivent être taillées au moins une fois par an. Quand l'éloignement par rapport à l'observateur est grand, les arbres sont plus indiqués pour délimiter des espaces.

mode de fixation	nom botanique	nom commun	végétalisation dense	végétalisation partielle	hauteur en m	croissance*	sempervirent	à feuillage caduc
à racines adventives	Hedera helix	lierre	x	x	10-20	l	x	
	Hydrangea petiolaris	hortensia grimpant		x	8-12	m		x
	Parthenocissus quinquefolia 'Engelmannii'	vigne vierge vraie	x		15-18	r		x
	Parthenocissus Tricuspidata 'Veitchii'	vigne vierge de Veitch	x		15-18	r		x
à vrilles (support néces-saire)	Clematis montana	clématite des montagnes		x	5-8			x
	Clematis montana 'Rubens'	clématite des montagnes 'Rubens'		x	3-10			x
	Clematis tangutica	clématite tangoute		x	4-6			x
	Clematis vitalba	clématite blanche		x	10-12			x
	Parthenocissus quinquefolia	vigne vierge vraie	x		10-15	r		x
	Vitia coignetiae	vigne de madame Coignet		x	16-8	r		x
volubiles (s'en-roulent autour d'un support)	Aristolocha macrophylla	aristoloche /pipe allemande		x	8-10	m		x
	Celastrum orbiculatus	célastre		x	8-12	r		x
	Lonicera caprifolium	chèvrefeuille commun		x	2-5			x
	Lonicera heckrottii	chèvrefeuille heckrottii		x	2-4			x
	Lonicera henryi	chèvrefeuille de Henry		x	5-7		x	
	Lonicera tellmannia	chèvrefeuille tellmannia		x	4-6			x
	Polygonum aubertii	renouée grimpante	x	x	8-15	r		x
	Wisteria sinensis	glycine		x	6-15	m		x
à pointes ou épines	Jasminum nudiflorum	jasmin d'hiver		x	2-3			x
	Rosa (variétés grimpantes)	rosier grimpant		x	2-3	m		x

* l - à croissance lente, m - à croissance moyenne, r - à croissance rapide

mode de fixation	support
à racines adventives	parois murs arbres surfaces (horizontales, inclinées, verticales)
à vrilles	espalier treillage treillis soudé câbles tendus horizontalement et verticalement
volubiles	câble tendu pergola galerie de verdure
épines	murs arbres

ventouses   racines adventives   mur

mur

Il1.42:
Différentes plantes grimpantes et leurs supports

PROPORTION

Dimensions et proportions sont déterminantes dans l'apparence de l'espace. On entend par proportion le rapport précis (et calculable) entre les dimensions de différents éléments (p. ex., le rapport entre hauteur et largeur) ainsi que la pondération optique de leurs rapports entre eux. Il est possible de rapprocher ou d'éloigner visuellement le fond d'un espace en jouant sur les proportions, mais aussi sur la perspective. Quand, dans une rue, le rapport entre la hauteur des façades des immeubles et celle des arbres d'alignement est de 3:5, les proportions semblent équilibrées et harmonieuses. Si l'on obtient un rapport de 2:6 ou 4:4 en modifiant les hauteurs, l'espace sera perçu très différemment. Les arbres étant des indicateurs d'échelle entre les constructions et les hommes, il est important que leurs dimensions soient en harmonie avec celles des édifices. De grands arbres requièrent une chaussée large et une distance suffisante par rapport aux immeubles, tandis que ceux de petite taille conviennent bien dans les rues étroites et devraient être rapprochés des bâtiments. › III. 43 Par ailleurs, la réduction progressive des dimensions peut renforcer l'impression de profondeur et de largeur d'un espace. On peut créer une illusion de profondeur au moyen d'éléments insérés, étagés ou linéaires spécifiques. S'ils sont particulièrement grands ou singuliers, ces éléments

taille des arbres constante

taille des arbres variable

Ill.43:
Rapport de taille entre arbres
et constructions

peuvent aussi influer sur les proportions de l'espace entier. Des arbres isolés, des pergolas et des miroirs d'eau, notamment, s'y prêtent bien. › Chap. Structures spatiales, Structuration de l'espace Parmi les moyens aptes à créer des effets de perspective, on peut aussi citer des structures linéaires comme des haies ayant subi une coupe de formation ou les teintes des feuillages et des fleurs.

›✎

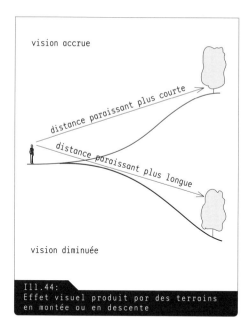

vision accrue

distance paraissant plus courte

distance paraissant plus longue

vision diminuée

Ill.44:
Effet visuel produit par des terrains
en montée ou en descente

La topographie et le modelé du terrain peuvent avoir une incidence considérable sur les proportions dans les espaces extérieurs. Un terrain en descente semble plus étiré; par contre, un terrain en montée semble plus court, car l'observateur l'embrasse du regard et a l'impression que le terrain se rapproche de lui. › Ill. 44

\\ Astuce :
Les couleurs peuvent bel et bien influer sur la perception des distances et des dimensions ; le jaune et l'orange font passer un objet au premier plan et ont ainsi un effet raccourcissant. Le bleu, le bleu-vert et le violet éloignent un objet et créent une impression de profondeur (voir Chap. Matériau végétal, Apparence des végétaux).

\\ Astuce :
Les parcs, places publiques et jardins se prêtent bien à l'étude des plantes et de leur mise en œuvre. L'observation et l'analyse de plantations existantes mettent en lumière leur diversité et leurs différentes qualités. Quel caractère les plantes ont-elles ? Quelles plantes s'accordent bien ? Comment la plantation est-elle structurée ? Comment les plantes s'intègrent-elles dans leur environnement ? L'analyse d'exemples réussis mais aussi d'échecs permet de travailler de façon ciblée à ses propres schémas de plantation.

MATÉRIAU VÉGÉTAL

La sélection d'espèces végétales déterminées est un processus dans le cadre duquel il faut tenir compte d'un grand nombre de critères. Il s'agit d'associer harmonieusement, entre eux et à leur environnement, des végétaux aux apparences variées dans le but de créer un tableau expressif, univoque. Il est capital de conserver une vue d'ensemble d'un aménagement paysager ou d'un jardin. Ce type de création présuppose de solides connaissances en matière de botanique. En effet, des plantes vigoureuses, comme la renouée (Polygonum) peuvent très vite évincer leurs voisines et envahir certaines zones d'un jardin. D'autres végétaux poussent très lentement ou ne tolèrent pas le voisinage direct de plantes de même taille.

Les végétaux sont un matériau vivant, ils se développent souvent différemment que prévu. Notre travail d'aménagement constitue une charpente autour de laquelle les végétaux sélectionnés se développeront. Des soins réguliers permettent de maîtriser le développement et la qualité visuelle d'aménagements paysagers.

APPARENCE DES VÉGÉTAUX

Des aménagements produisant beaucoup d'effet sont souvent très sobres et mettent en scène un nombre limité d'espèces et variétés. Pour cela, il faut avoir une idée précise de l'apparence des végétaux utilisés et appliquer les règles de l'esthétique. En matière de sélection et de positionnement des plantes, il est plus sûr de se fonder sur ces principes que de se fier à sa propre intuition.

Forme Les formes résultent des parties de la plante qui en délimitent les contours. Selon la densité de ses terminaisons (rameaux, feuilles, fleurs), on perçoit plutôt la forme ou la structure d'un végétal. En été, les arbres et arbustes à feuilles caduques ont tout autant de présence que des arbres et autres essences sempervirentes, surtout si leur feuillage est dense. La forme de certains arbres et arbustes à feuilles caduques est bien visible en hiver, quand la ramure est régulièrement ordonnée et donne des contours accusés. Plus la physionomie d'un végétal est simple et sans équivoque, plus elle est facile à identifier, à décrire, à dessiner et à nommer. On distingue plusieurs types de formes de végétaux. › III. 45 Elles peuvent être volume et surface. Fermées, elles sont souvent dérivées de formes de base (carré, cercle, triangle), tandis que celles qui sont ouvertes sont nettement plus complexes. Leur caractère se révèle, dans le cas d'un cèdre adulte, aux extrémités ramifiées de ses branches, qui sont couvertes d'aiguilles disposées en rosettes fournies.

Caractères Certains végétaux ligneux à forme caractéristique se distinguent par des formes leur effet graphique ou architectonique et peuvent conférer de la structure

49

Type de forme	Exemple	Utilisation
sphérique	Acer platanoides 'Globosum' (érable plane)	petits arbres compacts pour espaces clos, jardins de devant
ovoïde	Tilia cordata 'Erecta' (tilleul à petites feuilles)	situations formelles avec arbres d'alignement, espaces libres urbains
en forme d'entonnoir	Prunus serrulata 'Kanzan' (cerisier du Japon)	en alignement ou en damier
en forme de d'ombrelle	Catalpa bignonioides (catalpa commun)	arbres adultes pour ombrager sièges abrités ou petites places
en forme de pin parasol	Populus nigra 'Austriaca' (peuplier noir)	silhouette marquante dans paysages ouverts vallonnés et montagneux
en forme de cube	Tilia platyphyllos (tilleul de Hollande)	situations formelles, architecture verte

Ill.45:
Types de formes des arbres

à un parc, un jardin ou une plantation. Selon leur forme ou leur sens de croissance, ils ont une allure soit statique soit dynamique. On peut classer les caractères des formes en «non orientés», «figés dans une orientation» et «en mouvement dans une orientation». La sphère en tant que forme simple est non orientée et semble statique; les formes verticales et

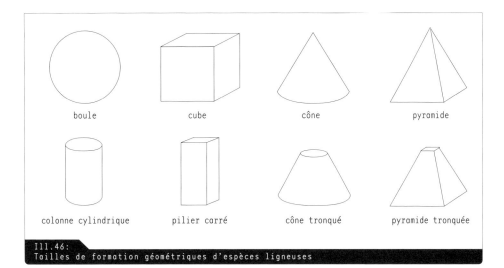

| boule | cube | cône | pyramide |

| colonne cylindrique | pilier carré | cône tronqué | pyramide tronquée |

Ill.46:
Tailles de formation géométriques d'espèces ligneuses

horizontales sont figées dans une orientation ; une plante à port retombant est en mouvement dans une orientation. Il émane d'elle une impression de mouvement ; elle crée une dynamique visuelle. Selon la manière dont sont combinés des caractères différents et opposés, c'est l'impression de statisme ou de dynamisme qui prédomine. Par exemple, une forme verticale érigée (colonne) en bordure d'un chemin sinueux (en mouvement dans une orientation) semble, par contraste, figée. Associées à des constructions tout en hauteur (immeubles), les formes végétales horizontales (arbres d'alignement) créent un contraste apaisant. Des plantes sphériques (non orientées) peuvent flanquer un cordon végétal incurvé (en mouvement dans une orientation) › Chap. Matériau végétal, Principes de conception

Taille de
formation

Les arbres, arbustes et haies soumis une taille de formation régulière conservent leurs contours nets et fermés. À partir d'espèces sélectionnées de feuillus et de résineux, on peut obtenir des volumes géométriques (cube, colonne, sphère, pyramide, cône, cône tronqué, etc.) ou organiques. › Ill. 46 Les tailles en plateau-rideau, plateau, rideau et boule donnent des formes austères. › Ill. 47 Les haies soumises à une taille de formation constituent des limites d'espace claires et fermées ; quand elles sont basses, elles cloisonnent des zones du jardin sans faire écran. La taille de formation permet de maîtriser le volume des végétaux et de le maintenir presque constant. Les essences se prêtant à une taille de formation sont particulièrement indiquées pour les jardins à caractère architectural marqué et pour structurer des espaces libres. › Ill. 48 Cependant, seul un nombre limité d'espèces végétales se prête à la taille de formation. › Tab. 4

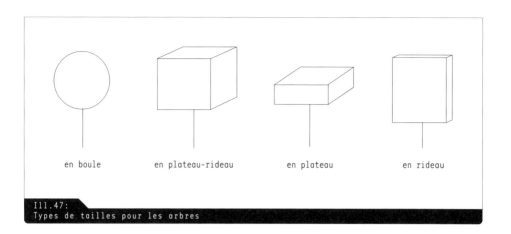

en boule   en plateau-rideau   en plateau   en rideau

Tab.4:
Arbres et arbustes se prêtant à une taille de formation

nom botanique	nom commun	arbre isolé	haie	arche	formes géométriques	en forme d'ombrelle	en rideau/en espalier	bonsaï
arbres et arbustes à feuilles caduques								
Carpinus betulus	charme commun	x	x	x	x	x	x	x
Cornus mas	Cornouiller mâle	x				x	x	x
Crataegus	aubépine	x						
Fagus sylvatica	hêtre commun		x	x	x			
Platanus acerifolia	platane à feuilles d'érable	x						
Tilia	tilleul	x	x	x				
arbres et arbustes à feuilles persistantes								
Buxus sempervirens arborescens	buis		x		x			
Ilex aquifolium	houx commun				x			
Ilex crenata	houx japonais				x			x
Ligustrum vulgare 'Atrovirens'	troène commun		x		x			
Pinus	pin					x		x
Taxus	if		x		x	x		x
arbres fruitiers								
Malus domestica	pommier						x	
Pyrus communis	poirier						x	

Ill.48:
Espèces ligneuses soumises à une taille
de formation

Ill.49:
Chez les feuillus, le caractère ramifié
devient visible en hiver.

Équilibre
du port
et de la forme

Il est important de connaître l'impact visuel produit par la forme d'un végétal en fonction de l'éloignement de l'observateur. En effet, en architecture paysagère, les plantations sont placées à la distance déterminée par l'effet voulu. L'impact visuel de la forme varie avec l'éloignement du végétal. De très loin, l'œil perçoit davantage une silhouette qu'une forme. À une distance moyenne, la végétation semble plus massive par des effets d'ombre; de près, sa couleur et sa texture ont un impact visuel plus fort que sa forme. La distance devrait aussi être prise en compte dans la détermination du nombre d'espèces différentes. Le passant ne distingue qu'un nombre limité d'espèces parmi un groupe important d'arbres.

Port

Avec la forme, le port est un élément clé de l'apparence de chaque végétal. Il met en évidence son type de croissance caractéristique. En architecture paysagère, les arbres comptent parmi les végétaux dont le port se remarque le plus. Celui des arbres et arbustes se reconnaît le mieux en hiver. › Ill. 49 Dans la classification des végétaux par types de ports, ces derniers sont représentés à la manière de gravures. › Ill. 50 Le classement par port et forme permet de se faire une idée des végétaux susceptibles de s'intégrer visuellement dans un contexte donné. Un arbre à houppier régulier et compact est approprié dans une situation formelle, dans laquelle des arbres sont plantés à intervalles réguliers (place urbaine), tandis qu'un

	Type	Exemple	Utilisation
	sphérique, en boule	Platanus acerifolia (platane à feuilles d'érable)	dans des situations formelles : en alignement et en damier
	ovoïde, arrondi	Acer platanoides 'Cleveland' (érable plane)	espaces libres en milieu urbain : places, rues et parcs
	irrégulier, à ramure ouverte	Gleditsia triacanthos (févier d'Amérique)	dans des situations informelles : arbre isolé, plantations mixtes
	à plusieurs tiges partant du sol	Acer palmatum (érable palmé, érable du Japon)	associé à des constructions, qu'il met en valeur
	conique	Corylus colurna (noisetier de Byzance)	plantations en groupes ou comme point de mire parmi d'autres végétaux
	colonnaire	Populus nigra 'Italica' (peuplier noir)	paysages ouverts de plaines et collines douces, pour souligner des éléments linéaires (allées), pour contraster avec des constructions horizontales et des entrées
	pleureur	Betula pendula (bouleau d'Europe commun)	en arbre isolé à forme pittoresque à planter seul ou en groupes irréguliers, pour parcs paysagers et édifices à l'architecture complexe

Ill.50:
Typologie des ports d'arbre

arbre au houppier aéré et irrégulier peut rompre l'uniformité et l'austérité d'une façade.

Certaines vivaces et graminées ont elles aussi un port caractéristique. Les fleurs, les feuilles, les tiges et le sens de pousse des tiges sont à l'origine de ports divers : les vivaces à tige unique, comme la molène (Verbascum) et la digitale (Digitalis), présentent des feuilles poussant de la base et une tige florale ; les plantes en touffes dressées, comme l'iris (Iris) et le miscanthe (Miscanthus), présentent des tiges droites ; les plantes en touffes arquées, parmi lesquelles le lis d'un jour (Hemerocallis) et le Pennisetum, s'épanouissent en lignes courbes douces. Chaque port produit un effet différent : les vivaces à port érigé ont un effet structurant et constituent des points de mire, tandis qu'il émane douceur et élégance des vivaces à port retombant. Si l'on envisage une plantation mixte, confronter les ports et formes caractéristiques des plantes retenues permet de vérifier si elles feront un mariage réussi ou non. › Chap. Matériau végétal, Principes de conception

Le port d'un végétal est fortement influencé par la lumière et la concurrence. Une plante qui apprécie le plein soleil ne développerait pas son port caractéristique à l'ombre ; elle en deviendrait chétive et perdrait ses fleurs.

Texture

La texture est une des propriétés créatrices majeures de l'élément végétal. Tant la densité du feuillage dans son entier que la surface de la feuille considérée individuellement, du tronc ou des tiges créent un effet de texture. On entend par texture le caractère du feuillage d'un végétal, à savoir la forme et la surface des feuilles considérées individuellement, leur taille, leur orientation, leur nombre et la manière dont elles réfléchissent la lumière, la finesse des tiges et des rameaux. La gamme des textures va, de manière simpliste, de « très fine » (gazon), à « très grossière », en passant pas « fine », « moyenne » et « grossière ». › Ill. 51 Comme le gazon coupé ras, une haie taillée a en général une surface dense, fine et « lisse » produisant un effet de rideau et de cloison reposant pour les yeux. Avec sa texture fine et dense et sa forme architecturale, une haie d'ifs taillée a une allure formelle et rigide, tandis qu'une haie d'églantines poussant librement donne une touche de naturel. Si l'on associe des végétaux à des édifices ou autres

Ill.51:
Exemples de textures : fine, semi-fine, semi-grossière, grossière

Ill.52:
Structure de surface créée par des graminées plantées en damier

Ill.53:
Effet de grand tapis déroulé à motif fleuri

structures, il est nécessaire de prendre en compte les textures et structures des matériaux déjà présents ou que l'on envisage de mettre en œuvre dans le bâtiment. Par exemple, on obtient un effet ennuyeux avec un végétal dont les feuilles sont exactement de la même taille que les briques d'un mur. › Chap. Matériau végétal, Principes de conception Les textures végétales ont différentes propriétés :

_ Elles peuvent conférer une impression de force et de décision.
_ Elles peuvent créer des effets accusés.
_ Les texture fines peuvent créer un arrière-plan net et reposant pour les yeux, qui fait paraître l'espace jardin plus grand.
_ Elles peuvent servir à souligner la profondeur du paysage.
_ Elles peuvent susciter une impression d'unité, si une seule et même texture se retrouve dans toute une série d'espèces végétales.

Ill.54:
Par leur rythme, des bandes de gazon
créent une structure.

Ill.55:
Des îlots végétalisés créent une structure de surface dans le revêtement de
la voirie.

Structure

La structure est la constitution interne d'une unité au sein d'un aménagement; elle naît de la répétition des éléments internes. Le concept de structure est applicable à tous les niveaux de la conception : une plantation, un projet, un texte ont besoin de cette charpente pour être déchiffrables.

Structures
dans le plan
horizontal/de
surface

L'agencement de formes de nature identique ou similaire en grand nombre donne à une surface un effet de structure. › Ill. 52 Des structures agencées régulièrement en damier par la plantation de graminées sont ornementales et décoratives (papier peint, tissu imprimé, tapis), elles mettent l'accent sur la surface. › Ill. 53 Organisées de manière irrégulière, elles semblent avoir plus de mouvement et de volume. › Ill. 54 et 55 Selon les matériaux et les végétaux, elles produisent des effets très différents dans le plan horizontal. Les parterres constitués d'une seule espèce de vivaces en sont un exemple impressionnant. › Ill. 56 et 57 Ceux tapissés de différentes espèces d'annuelles estivales et de vivaces sont d'autres exemples de structures dans le plan horizontal. Ponctuant une plantation, des végétaux au feuillage caractéristique (graminées, fougères) peuvent assumer cette fonction de structuration. › Chap. Matériau végétal, Principes de conception

Structures
spatiales

Les structures spatiales sont transparentes ou ajourées. Dans une futaie, le promeneur se trouve dans un espace structuré. Il a des troncs devant, derrière et à côté de lui, et des branches et rameaux au-dessus de lui. Pour qu'il y ait une structure spatiale, il faut un grand nombre d'éléments identiques ou similaires répartis dans les trois dimensions. › Ill. 58 et 59 Pour donner un volume, une « charpente », à un jardin, on sélectionne des éléments (p. ex. des végétaux ligneux) aptes à structurer l'espace qui soient semblables ou similaires et on les dispose dans l'espace de manière itérative. Ces agencements peuvent être denses, aérés, réguliers, rythmés ou

Ill.56:
Structure de surface obtenue par une couverture florale uniforme

Ill.57:
Structure de surface obtenue par des coussins de vivaces disposés en rangées parallèles

Ill.58:
Structure spatiale résultant de l'alignement de volumes végétaux verticaux

Ill.59:
Structure spatiale résultant de la répétition linéaire d'arbres

désordonnés, ce qui produit différents effets. › Ill. 60, 61 et Chap. Matériau végétal, Principes de conception Chez les feuillus dénudés et chez quelques résineux, la structure spatiale, le caractère ramifié, est visible. L'effet graphique rappelant un dessin au trait qui est alors produit par les branches peut très bien servir à créer des contrastes par rapport à un arrière-plan. › Chap. Matériau végétal, Principes de conception

Contours   On appelle contours la silhouette d'un végétal. Parmi les espèces ligneuses, on distingue entre celles à contours fermés et celles à contours ouverts. Du fait de leur taille régulière, les arbres et haies soumis à une

Ill.60:
Composition végétale fluide

Ill.61:
Différents types de végétaux structurent l'espace dans les plans horizontal et vertical.

taille de formation ont une texture dense ainsi que des contours fermés nets et se conformant à un tracé, éléments clés dans la structuration d'un jardin. › Ill. 62 Les jardins à la française sont impensables sans taille de formation. Les essences poussant en toute liberté à texture dense et celles qui sont taillées selon des formes organiques sont elles aussi fermées et clairement délimitées, elles donnent une impression de plasticité et sont «lourdes» d'un point de visuel. › Ill. 63 Les contours ouverts sont soit ordonnés, par exemple par un étagement des branches (cornouiller tabulaire ou Cornus controversa) ou un dégradé régulier (épicea de Serbie ou Picea omorika), soit irréguliers et informels. Plus l'observateur est proche, plus il perçoit distinctement les contours de chaque feuille.

Couleur

La plupart des observateurs remarquent dans un jardin les couleurs et textures des fleurs, feuilles et fruits, alors que les principaux facteurs responsables de l'apparence d'un végétal sont son port et sa forme. Ce sont eux qui révèlent la lente maturation d'un jardin, tandis que la couleur et la texture des différentes espèces en soulignent les aspects saisonniers. Chez les végétaux, la palette de couleurs est très riche. Il faut y ajouter les variations résultant de la luminosité ainsi que de la texture de la surface des feuilles et des fleurs (brillante, mate, etc.). Roues chromatiques et nuanciers servent à classer les couleurs en systèmes, ainsi qu'à étudier et tester leurs effets. Ton, valeur et saturation sont déterminants dans l'effet produit par une couleur. Quand, en architecture paysagère, on travaille avec les couleurs, il faut savoir que celle qui domine dans la plupart des jardins et paysages au printemps et en été est le vert, et le marron en automne et en hiver; la part des autres teintes est quant à elle minime.

Valeur

La couleur dépend de la lumière. La nature, l'intensité et l'angle d'incidence de la lumière jouent un rôle décisif dans l'effet produit par la

Ill. 62 :
Contours nets et fermés de haies
soumises à une taille de formation

Ill. 63 :
Contours arrondis et fermés de Pinus
mugo maintenus compacts par une taille

couleur. Les teintes des végétaux semblent très différentes au soleil ou à l'ombre. Il faut vérifier au stade de la conception à quels moments de la journée quelles zones de l'espace à aménager sont ensoleillées. Une lumière diffuse atténue l'intensité des couleurs, tandis qu'un éclairage direct l'accroît. Selon que le ciel est dégagé ou couvert, l'apparence des fleurs et des feuilles varie ; il en est de même en lumière artificielle. C'est à la lumière du jour que le jaune et le vert tirant sur le jaune sont au maximum de leur intensité ; le vert tirant sur le bleu l'est la nuit. Dans une lumière éblouissante ou dans l'obscurité croissante, les couleurs perdent de leur intensité, tout en conservant leur valeur. Même l'effet de profondeur d'une plantation varie en fonction de l'origine de la source lumineuse. Au lever et au coucher du soleil, son rayonnement oblique produit dans un jardin ou un paysage un effet de profondeur bien plus fort que lorsqu'il est à son zénith. Une lumière diffuse donne elle aussi moins de profondeur.

Chaque couleur a une valeur spécifique, c'est-à-dire un degré de clair ou d'obscur : le bleu est foncé, le jaune est clair, tandis que le rouge a une valeur moyenne et est légèrement plus foncé que l'orange. En ajoutant du blanc et du noir à une couleur, on obtient des tons plus ou moins foncés ou clairs, c'est-à-dire une couleur rompue. Les dégradés de couleur peuvent être figurés par une roue chromatique. › Ill. 64 Sur le pourtour de cette roue se trouvent les couleurs saturées, c'est-à-dire les plus pures du spectre. Au centre de la roue, on a une surface neutre, correspondant au blanc « neutre » (valeur maximale) ou au noir « neutre » (valeur minimale). Entre ces deux extrêmes, il y a un dégradé de tons, la gamme d'une couleur. Un bleu que l'on fonce semble lourd et perd de son caractère aérien, tandis qu'un jaune que l'on éclaircit perd de son intensité et de son éclat. Plus la couleur d'une fleur est rompue par l'adjonction de gris, moins elle a d'éclat, et moins elle produit d'effet à distance. Autrement dit, les couleurs pures semblent plus proches que les couleurs cassées.

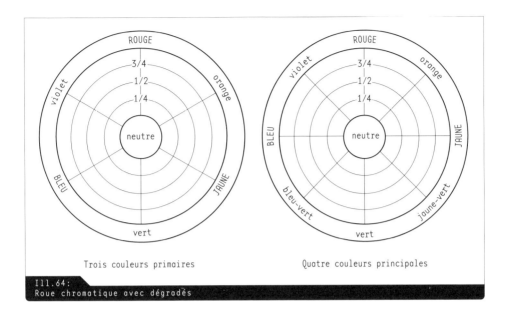

| Trois couleurs primaires | Quatre couleurs principales |

Ill.64:
Roue chromatique avec dégradés

Le blanc renforce l'effet de toutes les couleurs. Des plantations constituées de plantes à fleurs blanches et feuilles panachées ou marginées de blanc apportent de la clarté dans des emplacements à l'ombre. Les végétaux gris argent ont un effet comparable, surtout quand ils sont associés à du blanc.

Couleurs complémentaires On appelle couleurs complémentaires celles qui sont opposées l'une à l'autre sur la roue chromatique. C'est à partir des trois couleurs primaires (rouge, jaune et bleu) que l'on obtient par mélange les couleurs secondaires (vert, violet et orange). Ces six couleurs constituent le spectre de la lumière solaire décomposée, qui est blanche. Une couleur primaire est opposée à sa couleur complémentaire, le rouge étant par exemple en face du vert. Dans un mélange spectral, les couleurs opposées donnent du blanc. Les couleurs complémentaires renforcent mutuellement leurs effets, leur saturation. Le rouge est éclatant sur un fond vert, le jaune sur un fond violet, le bleu sur un fond orange, et inversement. Chaque couleur tend à repousser toutes les autres couleurs vers le pôle qui lui est opposé: le vert rend le jaune plus rouge, car il exprime dans le jaune sa complémentaire, le rouge. En se mélangeant au rouge absent à l'origine et obtenu par contraste complémentaire, le jaune tire sur l'orange; le bleu rend le vert plus jaune, le vert donne au bleu une teinte violacée, et le jaune fait paraître le vert plus bleu.

Pour chacune des quatre couleurs principales (rouge, jaune, bleu et vert), la couleur avec laquelle elle produit le plus d'effet en association se situe exactement en face sur la roue chromatique. › Ill. 64

61

La roue chromatique se compose de couleurs chaudes et de couleurs froides. On associe à la chaleur le rouge, l'orange et le jaune et, par extension, le vert tirant sur le jaune et le vert des feuilles. Le bleu, le bleu violacé et le bleu-vert sont considérés comme des couleurs froides. Les couleurs chaudes semblent plus proches à l'observateur, tandis que les couleurs froides se fondent dans l'arrière-plan, faisant paraître l'espace plus profond qu'il ne l'est. Le vert moyen et le pourpre bleuté sont des couleurs neutres. C'est pourquoi le vert du paysage a un effet apaisant et équilibrant. Un mariage de couleurs constitué exclusivement de couleurs froides ou de couleurs chaudes semble harmonieux ; l'association de couleurs chaudes et de couleurs froides crée un contraste, sans cependant être inharmonieuse.

On peut obtenir une harmonie monochrome en mélangeant une couleur de base aux couleurs adjacentes sur la roue chromatique. Les nuances obtenues seront plus ou moins chaudes ou froides. Outre la palette de couleurs, l'arrière-plan, l'environnement, les ports et textures des végétaux voisins contribuent aussi à la qualité de cette harmonie. Les nombreuses nuances de vert des végétaux ligneux peuvent à elles seules, si on les marie judicieusement, créer une belle harmonie de couleurs dans une plantation. Dans l'association de résineux sombres à des feuillus plus clairs, les teintes gagnent en intensité. Dans les jardins japonais traditionnels, c'est avec des arbres et arbustes pour la plupart à feuillage persistant qu'on obtient une harmonie monochrome. Si d'autres couleurs apparaissent au printemps avec la floraison des cerisiers et en automne avec les teintes d'automne des feuillus, c'est seulement pour une courte période, et cette apparition produit d'autant plus d'effet qu'elle est brève.

Les harmonies bichromatiques sont constituées d'une couleur donnée et de celle qui lui est opposée sur la roue chromatique : orange et bleu, jaune d'or et bleu outremer, capucine et turquoise. › III.65 Les harmonies trichromatiques résultent du mélange de trois couleurs éloignées chacune d'un tiers de la circonférence de la roue : bleu, jaune et rouge ou bleu outremer, capucine et vert-jaune. On peut aussi obtenir une harmonie trichromatique

\\ Exemple :
Des plates-bandes où les fleurs sont toutes de la même couleur sont qualifiées de monochromes. Dans ces compositions, les contrastes de formes, des inflorescences notamment, sont particulièrement mis en valeur. On peut par exemple planter en grands groupes serrés les uns contre les autres des achillées (Achillea), des verges d'or (Solidago) et des rudbeckias (Rudbeckia), tous de couleur jaune.

\\ Astuce :
On peut obtenir toute une palette de coloris à partir d'une couleur unique que l'on éclaircit, fonce, ou mélange avec d'autres teintes pour la rendre plus froide ou plus chaude. Se limiter à quelques teintes de départ donne une cohérence interne et évite les bariolages aléatoires. Les couleurs vives expriment leur caractère dans les emplacements ensoleillés, les couleurs claires discrètes rendent bien à l'ombre.

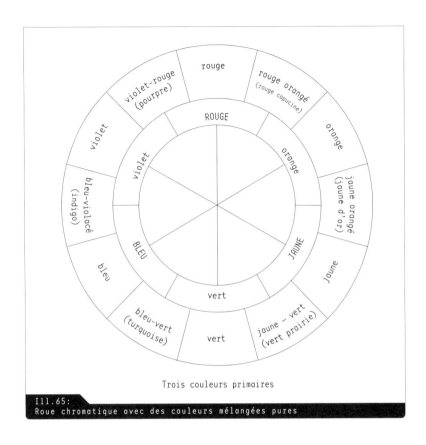

Trois couleurs primaires

Ill. 65:
Roue chromatique avec des couleurs mélangées pures

en ajoutant une couleur voisine sur le spectre à une des couleurs opposées composant une harmonie bichromatique (outremer, jaune d'or, jaune) ou en éliminant une couleur de deux harmonies bichromatiques (bleu-vert, capucine et orange). Deux couleurs primaires (rouge et bleu) associées à une couleur secondaire (violet) produisent un effet puissant, tandis que l'effet engendré par le mariage de deux couleurs secondaires (vert et orange) et d'une couleur primaire (rouge) est plus subtil. Au sein de ces harmonies, on dispose cependant d'une large palette de tons, tous les rouges ne s'accordant pas avec tous les verts, par exemple. Quand deux teintes ne s'harmonisent pas, l'adjonction d'une troisième peut corriger la dissonance. Plus on ajoute de teintes à une harmonie trichromatique, plus il devient difficile de créer un tableau expressif.

De très belles harmonies de couleurs naissent de l'association avec un feuillage argenté. À son voisinage immédiat, les couleurs vives comme le rouge et le bleu sont encore plus lumineuses, des couleurs plus fondues, comme les tons pastel, sont bien mises en valeur. › Tab. 5

harmonie dichromatique	harmonie trichromatique
bleu – orange	bleu – rouge – jaune
jaune d'or – bleu outremer	bleu – rouge – argent
orange – argent	bleu pâle – jaune – argent
rose – argent	jaune – blanc – argent

DYNAMIQUE TEMPORELLE

Les aménagements mettant en œuvre des végétaux s'inscrivent, par-delà la surface et l'espace, dans une quatrième dimension : le temps. À la différence du béton et de la pierre, les plantes sont des matériaux vivants, dont l'apparence se modifie tout au long de leur croissance. Ce changement peut se faire à des rythmes très différents. C'est surtout à l'apparition des feuilles, fleurs et fruits que l'on peut observer cette métamorphose parfois quotidienne. Selon la longévité d'un végétal, sa transformation est rythmée sous nos latitudes par la succession des quatre saisons, et cela pendant des années, des décennies et des siècles. Au jardin, on peut observer une transformation et un dépérissement continuels. Mais cette dynamique propre soulève des questions : Quand le jardin est-il achevé ? Quand gagne-t-il en qualité, à partir de quand en perd-il ? Aménager avec des végétaux signifie voir à long terme, car la croissance a besoin de temps. Un espace fraîchement aménagé avec des éléments végétaux semble nu et inachevé comparé à un jardin qui s'est développé au fil des années. Cela peut être source de déception pour les concepteurs et les utilisateurs, s'ils ne tiennent pas compte du facteur temps. C'est pourquoi il est tentant, dans l'aménagement d'espaces libres de planter des sujets de grande taille en relation avec les proportions de l'espace afin de créer assez tôt volume et structure. À noter : le port et la forme des végétaux structurent l'espace, tandis que les couleurs et textures des différentes espèces soulignent les aspects saisonniers.

Rythme
saisonnier

Tandis que la structure spatiale crée par la plupart des végétaux ligneux est stable, les colorations changeantes au printemps et en automne fonctionnent souvent comme des signaux. › III. 66 Pour chaque espèce végétale, la succession des changements saisonniers est particulière. Les arbres à feuilles persistantes et ceux à feuilles caduques jouent un rôle plus ou moins prépondérant au fil des saisons. En été, les feuillus constituent la charpente de l'aménagement ; en hiver, les arbres sempervirents et les résineux sont sur le devant de la scène et peuvent assumer ce rôle. Ne changeant pour ainsi dire pas d'apparence, ils constituent des éléments de stabilité. Le rhododendron se pare de fleurs colorées en mai, semble

Ill.66:
Spectacle fleuri offert par une profusion de tulipes disséminées dans une prairie

plutôt insignifiant en été et redevient visible en hiver avec son feuillage sempervirent. Après la chute de leurs feuilles, la physionomie des arbres caducifoliés tient du dessin au trait. › Chap. Matériel végétal, Apparence des végétaux Le changement d'apparence est particulièrement marqué chez les vivaces : en hiver, leurs parties aériennes dépérissent souvent, pour réapparaître au même endroit et gagner nettement en hauteur et volume au printemps. Il est conseillé de tenir compte des aspects saisonniers dans la sélection des végétaux pour un jardin que l'on voit à longueur d'année, un jardin privé par exemple.

Dans l'élaboration d'un schéma de plantation, il est important de veiller à la succession ininterrompue de couleurs au sein d'une composition – du début du printemps à la fin de l'automne. Il est tout indiqué de disposer les groupes de végétaux, par période de floraison, dans différentes zones du jardin ou du paysage, car la concentration de fleurs dans un emplacement et au même moment affadit plutôt l'impression d'ensemble, suggérant une absence de parti pris. Dans la nature, les périodes hautes en couleur sont généralement de brèves séquences, suivies de périodes de calme. L'effet d'«explosion de couleurs» peut être renforcé par le choix de végétaux dont on associe les teintes à des saisons données. On sélectionne à cet effet des végétaux à fleurs jaunes et bleues au printemps, à fleurs bleu intense, blanches et roses au début de l'été et à fleurs écarlates, rouge sombre, violettes et jaune intense à la fin de l'été. Pour l'automne, on recommande des fleurs et des feuillages bruns et violets ; et pour l'hiver, des feuillages vert profond et bruns et des baies rouges sont indiqués.

Dans l'aménagement de plantations à effet saisonnier, il est important de savoir que bien des plantes à floraison superbe ne contribuent pas à la structuration d'un jardin. Le lilas, par exemple, a de belles inflorescences, mais un feuillage et une ramure insignifiants. Un cadre ayant plus de présence peut rehausser l'effet de végétaux dont feuillage et ramure passent inaperçus. Dans le cas du lilas, cela signifie placer devant lui une haie basse dense ou taillée ou bien utiliser le lilas comme arrière-plan pour d'autres plantes qui apportent leur contribution saisonnière à des périodes où cet arbuste n'est pas en fleur. Les roses hybrides de thé constituent un autre exemple de plantes à belles fleurs, mais à tiges et branches peu décoratives, surtout quand ces dernières ont été coupées. C'est pourquoi les roseraies sont souvent aménagées de manière formelle, d'une part pour rehausser la finesse de leurs fleurs et, d'autre part, pour faire passer au second plan les tiges dénudées et le feuillage des rosiers en encadrant ces derniers de haies taillées, généralement basses et sempervirentes. › III. 67 En période de floraison, les différents coloris de fleurs se distinguent mieux les uns des autres du fait des haies qui les encadrent. On peut aussi planter des vivaces parmi les rosiers d'un massif, à condition qu'elles ne fassent pas concurrence aux rosiers en fleur, mais jouent un rôle d'accompagnateur.

De nombreux arbres de petite taille à fleurs remarquables, comme le cerisier du Japon, ont une période de floraison très courte. Il est préférable de les affecter à des jardins de taille réduite, comme dans des espaces délimités ou fermés tels qu'un atrium. Associés à d'autres essences de différentes tailles, ils peuvent aussi se manifester à différents endroits à diverses périodes par de brèves explosions de couleurs. Une autre manière efficace de mettre en valeur les aspects saisonniers consiste à planter en

---

\\ Astuce :
On ne saurait que trop recommander d'étudier l'apparence des végétaux aussi souvent que possible à différentes saisons. Dans les pépinières, les jardineries, les jardins botaniques ainsi que les jardins didactiques et d'exposition, les noms des végétaux sont indiqués. L'observation active d'espèces « courantes » et « atypiques » ainsi que l'analyse de leur apparence et de leurs qualités sensorielles permet d'exercer son jugement, condition préalable à une réflexion personnelle.

\\ Important :
Dès le stade de la conception, il faut veiller à sélectionner les végétaux en fonction de leur effet saisonnier, mais aussi de leur contribution en d'autres saisons.

Ill.67:
Des haies taillées tenant lieu de bordures structurent les espaces du jardin tout au long de l'année.

Ill.68:
Magie d'une allée de cerisiers en fleur au printemps

allées ou en damier un grand nombre d'arbres à floraison particulière sous forme de hautes tiges. › Ill. 68

Plantations saisonnières

Les plantations saisonnières permettent avant tout d'obtenir de superbes tableaux colorés. Les plantes annuelles, comme leur nom l'indique, ne vivent qu'une saison. Chaque année, il faut en cultiver de nouvelles ou acheter de nouveaux plants. Culture, mise en place et entretien (arrosage et engrais) requièrent un investissement en temps et en argent élevé, ce qui se justifie cependant pour des emplacements bien choisis, représentatifs et très fréquentés, comme les parvis d'édifices représentatifs, des places publiques, des zones piétonnières, des parcs et jardins historiques, municipaux ou privés. › Ill. 69 Dans des villages sans prétention, dans des jardins paysans ou comme plantes ornementales dans des pots ou des jardinières, les annuelles sont souvent à l'honneur. Des plantations saisonnières bien étudiées et entretenues peuvent largement contribuer à donner une image positive d'une ville.

Les massifs à floraisons successives au printemps, en été et en automne donnent des tableaux saisonniers variés. Même dans la nature, ils peuvent se révéler appropriés à certains endroits, si l'aménagement se fait dans le respect du paysage local ou régional et en harmonie avec lui. Il faut pour cela sélectionner des végétaux dont les coloris et l'ordonnancement se fondent sur les mosaïques végétales de la couverture végétale naturelle (p. ex. forêt ou lande). À la fin de l'été, l'apparence du paysage et des parcs sombre dans une sorte de « torpeur » dont elle peut être tirée par des semis d'annuelles fleurissant à cette période.

Ill.69:
Floraison saisonnière dans le cadre de
floralies

Les couleurs d'automne, qui tiennent aux feuilles des arbres et buissons, sont les bienvenues avant l'arrivée de l'hiver. Afin d'obtenir l'effet visuel le plus impressionnant, on peut associer des végétaux à effet saisonnier à des végétaux sempervirents et des conifères ou à des feuillus à chute tardive des feuilles. Les tons d'automne chauds ressortent ainsi sur les nuances de vert plus froids. Les couleurs chaudes et vives des feuilles jaunes, orange, rouges ou pourpres qui parent les arbres ou jonchent gazon et chemins créent presque un tableau impressionniste. De magnifiques tapis colorés ne durant qu'un temps peuvent se former sous des arbres et buissons isolés, si leurs abords restent dégagés. Les plantes à baies colorées produisent moins d'effet à la fin de l'automne et au début de l'hiver, à moins qu'elles ne se détachent sur un arrière-plan de végétaux sempervirents. Si l'on choisit de planter pour leurs baies des espèces sempervirentes ou à feuillage marcescent, il en faut un grand nombre pour obtenir l'effet recherché. Sur des surfaces réduites, par exemple dans un jardin, on peut aussi atteindre cet objectif avec une seule plante.

En hiver, le givre et la neige mettent en valeur les textures des végétaux, notamment les formes filigranes comme celle des herbacées, des fougères et des fructifications des vivaces. › Ill. 70 Il faut rabattre ces dernières à la fin de l'hiver. À cette saison, le choix de végétaux intéressants pour leur aspect est moins étendu que le reste de l'année. Chez certaines espèces, la couleur des branches enrichit magnifiquement les effets créés par la végétation sempervirente et les baies colorées, lesquelles ne passent pas tout l'hiver. Par exemple, les branches d'un rouge étonnant de la

Ill.70:
Le givre souligne les contours des végétaux.

Ill.71:
Tableau hivernal étrange formé par des platanes étêtés

variété de cornouiller blanc Cornus alba 'Sibirica' peuvent mettre une touche de couleur dans le paysage hivernal, effet qui est encore renforcé par l'association avec le bouleau à tronc blanc et les essences à feuillage persistant. Les branchages rouges peuvent produire un effet extraordinaire lorsque les encadrements des fenêtres d'un bâtiment sont de la même teinte. Il en est de même des tiges jaunes du cornouiller osier (Cornus stolonifera 'Flaviramea'). La ramure de certains arbres, et dans une moindre mesure de certains arbustes, produit un effet intéressant en hiver. › Ill. 71 Il faudrait sélectionner les végétaux de façon que, observés sous différents angles, ils aient le ciel pour arrière-plan ou un autre fond neutre comme une façade ou un mur. On a ainsi l'impression d'avoir affaire à une gravure. › Chap. Matériel végétal, Apparence des végétaux Les branches d'arbres adultes plantés selon une trame qui s'effleurent sur l'arrière-plan du ciel composent aussi un tableau intéressant. On néglige souvent au stade de la conception de prendre en compte l'hiver.

Croissance et cycle de vie

La physionomie des végétaux est soumise à des changements à l'échelle d'une vie. La rapidité de leur croissance, et son corollaire la transformation de leur apparence, est déterminée par leur appartenance à l'une des catégories suivantes :

_ Arbres
_ Arbustes
_ Vivaces
_ Bulbes
_ Annuelles et bisannuelles

III.72:
La plantation de jeunes arbres sur un côté du chemin fait ressortir le processus de croissance et la longévité.

Arbres

Les arbres ont une grande longévité et une croissance relativement lente. › III.72 Au fil des saisons et des décennies, ils assurent la continuité. Au jardin et dans la nature, ils constituent l'élément le plus marquant, le plus stable. Ils offrent aussi une continuité spatiale et ont de la présence. Les arbres font le lien entre la ville et la nature environnante, entre les quartiers et entre les édifices. C'est surtout dans les espaces libres urbains que les schémas de plantation doivent prendre en compte la lenteur de leur croissance. Si les houppiers des arbres projettent une ombre trop grande sur des vivaces, buissons ou du gazon, ces derniers manquent d'eau et de nutriments et finissent par s'étioler, voire dépérir.

Arbustes

Les arbustes ont aussi une croissance lente sur plusieurs années, mais ils ne deviennent ni aussi âgés ni aussi grands que les arbres. Ils servent à cloisonner et délimiter une surface. › Chap. Structures spatiales, Limites D'un point de vue visuel, les arbustes assurent la transition entre les arbres et les végétaux à ras de sol; un parc qui ne serait constitué que d'arbres, de vivaces et de gazon semblerait très ouvert et n'aurait pas de profondeur. Les arbustes font la transition entre le parc ou le jardin et le paysage naturel.

Vivaces

Les plantes vivaces ont un cycle de vie de plusieurs années. À la différence des arbres et des arbustes, leurs organes aériens dépérissent après l'automne. Au printemps, les vivaces se régénèrent à partir d'organes souterrains résistants au gel. L'éventail des tailles va des couvre-sol à des espèces dépassant les 2 m de hauteur. Leur changement saisonnier de physionomie introduit une grande dynamique dans le jardin ou l'espace libre.

Géophytes

Les géophytes, plantes vivaces dotées d'organes de réserve souterrains comme les bulbes, les tubercules ou les rhizomes, passent la majeure partie de l'année enfouis dans le sol. La plupart d'entre eux font leur apparition au début du printemps, quand les arbres et les arbustes sont encore dénudés et que les rayons du soleil parviennent jusqu'au sol. Les géophytes sont originaires des forêts et lisières de boisement. Leur feuillage est éphémère et dépérit après la floraison. Ce dépérissement est indispensable à la floraison et la bonne santé des plantes. Afin de dissimuler ce feuillage disgracieux, il est préférable de les insérer parmi d'autres végétaux plutôt que dans une pelouse. Il vaut mieux choisir des espèces longévives qui n'entrent pas en concurrence avec d'autres végétaux ni visuellement ni d'un point de vue écologique. Les bulbes à floraison tardive, comme les tulipes, sont originaires de milieux arides où la végétation est clairsemée et la concurrence par conséquent faible. C'est pourquoi ils ne s'accordent pas bien avec les vivaces et les arbustes. Certains géophytes, comme les crocus et les narcisses, font bel effet dans des pelouses. Il faut attendre que les feuilles jaunissent pour les couper.

Annuelles et bisannuelles

Les annuelles vivent le temps d'une période de végétation. Ce sont des plantes pour massifs saisonniers. Les espèces supportant la concurrence peuvent sans problème être associées à des vivaces.

Le cycle de vie des bisannuelles couvre deux périodes de végétation. Ces plantes fleurissent en général la deuxième année et produisent une grande quantité de graines avant de mourir.

PRINCIPES DE CONCEPTION

Pour élaborer un schéma de plantations satisfaisant, il faut trouver une cohérence interne entre les différents aspects de l'apparence des végétaux (taille, forme, couleur et texture). Il faut un fil conducteur, un leitmotiv. Les idées-force constituent le contenu du projet auquel l'espace, les végétaux et les matériaux donnent forme. La connaissance des principes de conception généraux, comme contraste et équilibre, répétition, rythme et ordonnancement est un outil nous permettant d'exprimer nos idées clairement et de manière originale, sans puiser dans les mariages types présentés dans de nombreux livres de jardinage.

Contrastes

Les contrastes font partie des principes les plus importants en aménagement paysager. Ils sont nécessaires pour créer une tension et un attrait qui éveillent l'intérêt de l'observateur. Les contrastes permettent de prendre conscience de différences. Un contraste naît de la rencontre d'au moins deux effets contraires. Il suffit de penser à un chemin tondu qui traverse une prairie. Les paysages naturels regorgent d'exemples de ce type:

à l'arrivée du printemps, le sol d'une hêtraie se couvre d'anémones des bois (Anemone nemorosa) qui contrastent avec les grands troncs nus des arbres.

L'agencement de végétaux présentant des formes, des tailles et des couleurs opposées doit être étudié de façon à faire ressortir les effets de végétaux. Des contrastes marqués, notamment de couleurs, sont perçus d'emblée par l'observateur si le nombre de végétaux est limité; des contrastes faibles, par exemple de textures, requièrent un plus grand nombre de plantes et un temps d'observation plus long. Des contrastes peuvent avoir pour fonction de surprendre le promeneur: on peut par exemple faire en sorte qu'à chaque tournant il soit confronté à un effet différent.

Les contrastes requièrent de l'équilibre. Un arrière-plan reposant pour les yeux, comme une façade ou des couleurs froides et neutres (bleu, vert) ou encore une transition douce obtenue en plantant entre deux pôles des végétaux selon un dégradé de couleurs et de hauteurs mettent en valeur les éléments opposés. Il vaut mieux planter des végétaux de petite taille ou dans des teintes fondues en plus grand nombre que des végétaux de grande taille ou de couleurs vives. Trop de contrastes forts fatiguent l'œil, tandis qu'une surabondance d'éléments semblables et peu remarquables suscite frustration et ennui. Parmi ceux se prêtant à l'aménagement avec des végétaux, on peut citer les contrastes suivants:

_ De ports
_ De textures
_ De couleurs
_ Clair – foncé
_ Motif – fond
_ Profusion – vide
_ Lumière – ombre
_ Négatif – positif (concave – convexe)
_ Yin et Yang

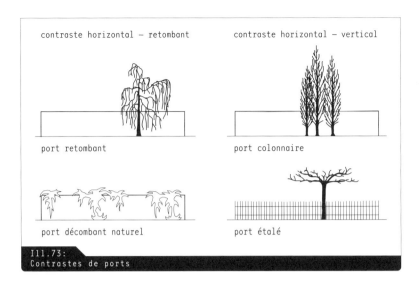

contraste horizontal – retombant

contraste horizontal – vertical

port retombant

port colonnaire

port décombant naturel

port étalé

Ill.73:
Contrastes de ports

Contrastes
de ports

Les contrastes de ports soulignent le statisme et le dynamisme de plantations. Confronté à son pôle contraire, le port d'un végétal a davantage d'expressivité qu'il n'en aurait s'il était isolé. › Ill. 73 Les paires de contraires ne sont perçues que lorsque les tailles sont comparables. › Chap. Structures spatiales, Proportion Des contrastes de ports appropriés sont par exemple :

- _ Vertical et sphérique, non orienté
- _ Horizontal, retombant naturellement et décombant
- _ Ouvert et fermé, sphérique
- _ Souple et rigide
- _ Linéaire et non orienté, sphérique
- _ Linéaire et plein
- _ Graphique et pictural

La sphère, qui est non orientée et semble statique, peut former un contraste avec des formes fluides, en mouvement dans une orientation. On peut par exemple envisager une plate-bande incurvée ou des plantes taillées en boule qui flanqueraient un chemin sinueux. Dans le paysage naturel, on retrouve ce motif sous la forme de grosses roches et de graviers dans des ruisseaux ondoyants. Des feuilles linéaires contrastent avec des feuilles larges, rondes et pleines (p. ex. hosta, nénuphar). Les végétaux ligneux à branches horizontales et houppier généreux (p. ex. catalpa) ou qui apparaissent sous la forme de haies taillées offrent un contrepoint reposant aux formes et surfaces de terrain mouvantes ou aux formes vertica-

Ill.74:
Contraste de ports

Ill.75:
Contraste de textures

les (essences à port colonnaire, immeubles). La plantation sur une grande surface d'une espèce basse d'arbuste forme un contraste simple, mais impressionnant avec les troncs d'arbres verticaux. › Ill. 74 Toutes les formes verticales semblent plus proches que la ligne d'horizon généralement lointaine. C'est pourquoi, dans la nature, les arbres au port colonnaire se remarquent même de loin. Sur un terrain accidenté, les formes verticales semblent figées ; un rééquilibrage par des végétaux en mouvement dans une orientation (p. ex. retombants ou décombants) est un élément de dynamisme. Des voisinages produisant beaucoup d'effet sont par exemple des arbres à contours compacts et fermés avec des arbres à effet graphique, filigrane. › **Chap. Matériel végétal, Apparence des végétaux**

Contrastes
de textures

Les contrastes de textures donnent du relief à un schéma de plantation. Cela est particulièrement visible avec des tons fondus. Dans un aménagement dans des camaïeux de vert, l'attention de l'observateur est attirée sur le jeu des feuillages contrastants et sur la physionomie des végétaux. › Ill. 75 Des fleurs blanches ou des feuilles panachées ou marginées de blanc peuvent accentuer l'effet de contraste de textures, car leur coloris ne détourne pas l'attention sur lui. Exemples de contrastes de textures

_ Aérée et dense
_ Fine et grossière
_ Brillante et mate
_ Souple et rigide
_ Veloutée et lisse
_ Rêche et lisse
_ Douce et rude

_ Translucide et coriace
_ Linéaire et pleine
_ Linéaire et non orientée

Des végétaux à texture grossière donnent une impression de force et de stabilité, tandis qu'il émane retenue et calme de ceux à texture fine. À la même distance, des végétaux à grandes feuilles semblent plus proches que des végétaux de même taille, mais à texture plus fine. › Chap. Matériel végétal, Apparence des végétaux

Contrastes de couleurs

Les contrastes de couleurs égayent des plantations et renforcent l'effet des couleurs. Les principaux contrastes de couleurs sont :

_ Ombre – lumière
_ Chaud – froid
_ De complémentarité (couleurs opposées sur la roue chromatique)
_ De qualité (contraste de couleurs éclatantes et ternes couplé avec un contraste de textures brillantes et mates)
_ De quantité (taches de couleurs de tailles différentes)

Les contrastes les plus forts sont ceux créés par des harmonies bichromatiques ou trichromatiques, c'est-à-dire constituées de couleurs opposées sur la roue chromatique (couleurs complémentaires). › Chap. Matériel végétal, Apparence des végétaux Les teintes des fleurs doivent s'harmoniser tant entre elles qu'avec celles des feuillages environnants (couleur de base). Les feuilles se parent de couleurs différentes au printemps, en été et en automne, mais aussi selon les espèces végétales (vert tirant sur le jaune, vert, turquoise, cuivré, etc.).

À défaut de vert comme couleur de base, on peut associer la plupart des couleurs du spectre au gris argent. Le rouge, le jaune et le bleu en deviennent

\\ Important :
En matière de couleurs, la règle d'or est «Less is more», car ce n'est que par un certain minimalisme que l'idée de projet gagne en clarté et en expressivité. S'en tenir à une espèce végétale, tout en mettant en œuvre un grand nombre de ses variétés est une méthode simple qui donne des résultats impressionnants. Le choix peut porter par exemple sur l'iris rhizomateux, qui présente de belles fleurs de forme parfaite dans toute une gamme de couleurs et des feuilles simples en forme d'épée.

plus éclatants, tandis que le rose et les tons pastel sont parfaitement mis en valeur. Associés au gris argent, les tons ocre constituent un mariage reposant pour les yeux et saisissant. Les plantes à feuillage gris sont en général affectées à des plantations à petite échelle, notamment avec des saules nains et de la lavande. Le blanc est facile à marier et renforce l'effet de toutes les couleurs; il peut aussi servir à rapprocher différentes associations de couleurs. Les fleurs blanches apportent une touche de gaieté, de fraîcheur et de finesse. Les plantes à fleurs blanches produisent cependant davantage d'effet quand elles restent entre elles (jardin blanc) que dans un massif bigarré. Sur l'arrière-plan de résineux sombres ou à l'ombre, les essences à fleurs blanches produisent un bon contraste ombre-lumière, tout comme les troncs blancs des bouleaux sur un fond sombre uni. › III. 76

Le type, la quantité et la répartition des teintes utilisées doivent être équilibrés. Les végétaux ayant un éclat faible ne peuvent se mesurer visuellement à des végétaux ayant beaucoup d'éclat que si on en plante un plus grand nombre. Selon Goethe, l'éclat des couleurs s'exprime en indice de lumination:

Jaune	= 9
Orange	= 8
Rouge	= 6
Vert	= 6
Bleu	= 4
Violet	= 3

Ces indices de lumination peuvent servir de base pour le calcul des proportions respectives de chaque couleur: jaune et violet (9/3) = 1:3 ou bleu et rouge (4/6) = 3:2. Plus les plantations couvrent une surface importante, plus l'éloignement de l'observateur influe sur la taille des taches de couleurs.

On peut créer des contrastes de couleurs au sein d'un massif, mais aussi entre des massifs monochromes en vis-à-vis.

Contraste
ombre-lumière
Les jeux d'ombre et de lumière sur les feuillages des arbres et au sol sont fascinants. Selon son intensité, la lumière crée toute une palette de nuances du clair au foncé. Selon la teinte des feuilles, de l'écorce et du sol, mais aussi selon l'aspect du feuillage et de la ramure, il naît une lumière différente: flot de lumière, lumière légère, obscure, lourde, vive, douce, teintée, contrastée, diffuse, entre autres. L'ombre projetée au sol par les arbres change en permanence. La longueur des ombres renseigne sur l'heure. À midi, la lumière solaire est crue et dure, les ombres sont courtes, tandis qu'en fin d'après-midi, la lumière se fait plus douce et plus jaune, les ombres s'allongent, et l'impression d'espace se renforce. Si l'observateur regarde la source lumineuse ou le soleil en face, il cligne des yeux. S'il est à l'ombre, il peut contempler le paysage à loisir. En hiver, on apprécie la

Ill.76:
Contraste ombre-lumière

Ill.77:
Jeu de lumière et d'ombre dans un parc
paysager

caresse chaude des rayons de soleil, en été on recherche l'ombre fraîche et protectrice sous les arbres. Il est important de connaître les effets et le rôle de l'ombre dans l'espace libre et de faire dans les aménagements paysagers des propositions adéquates.

Les jeux d'ombre et de lumière confèrent aux arbres un caractère plastique et graphique. La lumière projette au sol l'ombre de la silhouette des arbres. Des groupes d'arbres espacés qui d'un côté, sont frappés par les rayons du soleil, et de l'autre sont dans l'ombre ou projettent leurs ombres au sol offrent un tableau attrayant. En revanche, une lisière de boisement ou de forêt fermée semble sans intérêt. Des coupes ou des plantations sur le devant sont nécessaires pour que se forment des zones d'ombre, de lumière et de soleil qui structurent et tempèrent la lisière, offrant des tableaux au regard de l'observateur. › Ill. 77

Rythme

Pour conférer cohésion et structure à un jardin, un parc ou une plantation, il est nécessaire de répéter des plantes ou associations identiques ou semblables. Cette simple répétition ne suffit pourtant pas à créer un rythme, elle se limite à réunir les uns aux autres différents espaces. Des éléments végétaux caractéristiques revenant régulièrement sont nécessaires pour créer un rythme et donner de cette façon une unité à l'ensemble; des parties proches et éloignées sont ainsi reliées visuellement entre elles. Dans un jardin ou un parc, il est possible de créer une atmosphère enveloppant l'ensemble en unissant les différentes zones par des éléments rythmiques ayant chacun un caractère propre. Une espèce végétale caractéristique dont on plante un grand nombre d'exemplaires peut donner à un espace une personnalité reconnaissable et en devenir le thème. Il suffit de penser à l'allée de marronniers ou à la roseraie.

Au sein d'une abondance de végétaux équivalents ou tous différents, l'œil humain n'est pas en mesure de s'orienter, et le regard glisse sur eux sans s'arrêter. Il s'en dégage une impression de manque de clarté, d'harmonie et d'intérêt, qui n'interpelle pas l'observateur. L'œil humain discerne plus facilement plusieurs éléments de même nature ou comparables, car ils sont plus faciles à déchiffrer et ils structurent un espace. La mise en place de végétaux dominants, isolés ou en groupes, qui se répètent crée une stabilité visuelle et donne de la lisibilité à une plantation. Le regard peut vagabonder entre ces points ou surfaces.

Les végétaux dominants constituent le point de départ, la charpente du schéma de plantation. Leur agencement assure la cohésion de la plantation. Ils sont placés selon une hiérarchie, regroupés et répétés. Les plantations de végétaux ligneux sont le plus fortement marquées par les arbres. Ceux-ci constituent la charpente permanente et font le lien avec le site bâti ou le paysage environnant. Ils sont par exemple à leur place près de la maison, dans des parties particulièrement architecturales du jardin, dans des coins du terrain, dans des plantations en bordure de parcelle. La taille des arbres doit être en rapport avec l'architecture et l'espace disponible. > Chap. Structures spatiales, Proportion Comme les espèces de haute futaie, les essences de petite taille, les arbrisseaux et les arbres isolés peuvent structurer l'espace. Ils servent à souligner les proportions, ils unissent l'architecture au reste de l'espace et assurent la transition entre les grands arbres et les arbustes. On les rencontre par exemple à l'entrée du jardin, aux angles de la maison, contre des bâtiments annexes et dans des plantations en bordure de parcelle. Les arbustes et les haies sont aussi des végétaux de charpente, ils servent à clore l'espace et à le cloisonner. Associés à des arbres dominants, ils peuvent donner de la personnalité au jardin. Une sélection de sous-arbrisseaux et d'espèces naines parfait ce tour d'horizon d'une plantation d'espèces ligneuses. > Tab. 6

\\ Astuce :
On devrait toujours avoir sur soi un carnet dans lequel noter et croquer des mariages de plantes qui plaisent. Observer activement, noter et dessiner aide à mémoriser l'apparence de végétaux et permet de se constituer un fonds documentaire dans lequel puiser pour ses propres aménagements.

\\ Astuce :
Les Plantes vivaces et leurs milieux dans les jardins et espaces verts de Richard Hansen et Friedrich Stahl est un ouvrage de référence en la matière (voir Annexes, Références bibliographiques). C'est une aide précieuse pour sélectionner des vivaces en fonction du milieu et des exigences du site, ainsi que pour déterminer le nombre de sujets au m^2, l'espacement entre les végétaux et leur sociabilité.

I a	arbres	essences dominantes, végétaux de charpente durables, requérant suffisamment d'espace vital, en sujets isolés ou en groupes
I b	arbres de petite taille, grands arbustes, solitaires	végétaux de charpente, plus grands que leurs voisins, longévifs, en sujets isolés ou en groupes, au sommet de la hiérarchie dans des espaces réduits, la sélection des arbustes se fait en fonction d'eux
II	arbustes, haies	essences d'accompagnement, taille adulte nettement inférieure à celle des essences dominantes, parfois rôle de charpente ou de faire-valoir des fleurs dans une plantation de vivaces, seuls ou en groupes
III	sous-arbrisseaux, essences naines, espèces semi-arbustives	essences de remplissage, taille adulte inférieure à celle des arbustes et haies, couvre-sol sous des essences plus hautes, éventuellement charpente dans des plantations de vivaces

Tab. 7:
Hiérarchie des vivaces

I	vivaces isolées	effet puissant, quelques exemplaires suffisent
II	vivaces dominantes	vivaces de charpente, plus grandes que les vivaces voisines, longévives, à planter en grand nombre
III	vivaces	soulignent l'effet des vivaces dominantes, moins hautes que les vivaces de charpente, longévives
IV	vivaces de remplissage	plus petites que les vivaces de charpente et d'accompagnement, ne doivent pas éclipser les vivaces de charpente et d'accompagnement

Des vivaces isolées ou dominantes donnent de la structure à des massifs de vivaces d'aspect naturel. Elles font aussi partie de la charpente de la plantation, car elles sont attrayantes tout au long de la période de végétation annuelle et sont longévives. On utilise à cet effet des espèces de grande taille et présentant une forme ou une couleur caractéristiques et frappantes. Les vivaces d'accompagnement, qui créent un rythme en apparaissant en relativement grand nombre aux côtés de vivaces dominantes, devraient être d'apparence plus effacées. Les vivaces peuvent aussi combler des vides, en taches ou comme couvre-sol. Les frontières entre ces différents types sont mouvantes. Une même espèce végétale peut jouer différents rôles dans différents thèmes. L'iris peut ainsi être tantôt vivace dominante, tantôt vivace d'accompagnement. › Tab. 7

Étagement

Il est possible d'étager les plantations de vivaces sur trois niveaux en recourant à des espèces de grande taille, de taille moyenne et de petite taille. La répétition rythmique des vivaces ne doit pas devenir schématique, car la plantation perdrait de son attrait et de son expressivité. Il est conseillé de varier les espacements entre les vivaces dominantes ainsi que leur nombre et de jouer sur la hauteur des différents étages de végétation.

Ill.78:
Étagement et agencement rythmique de vivaces

Ill.79:
Étagement dans une plantation de végétaux ligneux d'aspect naturel

Ill.80:
Étagement sur trois niveaux dans une
roseraie formelle

Ill:81:
Des allées d'arbres donnent aux espaces
une structure à caractère architectural.

Les vivaces de petite taille peuvent se masser sur l'avant d'un massif et être disséminées sur l'arrière, tandis que celles de taille moyenne et de grande taille peuvent tour à tour passer à l'avant et repasser à l'arrière. › Ill. 78 Le positionnement systématique des vivaces de petite taille sur l'avant du massif, des vivaces de taille moyenne dans la partie médiane et des vivaces de grande taille sur l'arrière (ou au centre dans un massif visible de tous les côtés) donne une composition inintéressante et morne. On peut aussi envisager un étagement sur deux niveaux: les vivaces de grande taille sont alors insérées seules ou en îlots dans un tapis d'espèces

Ill.82:
Agencement géométrique d'ifs taillés
en cubes

Ill.83:
Exhaussement de la topographie par un
arbre isolé

basses. Les plantations d'espèces ligneuses et les compositions combinant végétaux ligneux et vivaces sont étagées de la même manière selon une hiérarchie à définir. › Ill. 79 et 80

Répétition
et gradation

La forme de répétition la plus simple consiste à espacer régulière-ment des éléments semblables. Cela permet de créer des liens nets avec un degré élevé d'unité : des arbres en alignement, en allée ou en groupe. › Ill. 81 Ces éléments ont un caractère formel marqué. Les agencements réguliers peuvent être multipliés à l'envi.

La répétition met en valeur un végétal sélectionné et lui accorde une place de choix. Elle peut aussi s'appliquer à l'espacement entre les végé-taux (p. ex. dans un damier), à leurs coloris ou à leurs textures. › Ill. 82 La gradation d'un thème végétal permet d'obtenir une plus grande expressi-vité par un dégradé de teintes des fleurs, de taille et de textures. Pour cela, on met en œuvre différentes variétés d'une même espèce ou l'on effectue une rotation des végétaux d'accompagnement. Il est capital de se limiter à quelques espèces, surtout dans la sélection des végétaux dominants, car la réussite d'un aménagement végétal est avant tout affaire de clarté et de simplicité.

Une autre forme de gradation consiste à reproduire avec des végé-taux l'architecture ou la topographie des lieux : un groupe d'arbres régulier fait écho à la forme orthogonale d'un bâtiment, un groupe d'arbres donne davantage de relief à une éminence, et une allée d'arbres souligne le tracé de la route. › Ill. 83

Symétrie
et asymétrie

La symétrie de part et d'autre d'un axe de végétaux isolés, de végé-taux soumis à une taille de formation ou de figures dans le plan horizontal crée une impression d'équilibre. Les chemins peuvent jouer le rôle d'axes de symétrie. On peut planter à cet effet des tunnels de verdure, des espaliers, des pergolas et des arbres dont formes et ports se répètent (p. ex. des allées et des topiaires). Des arbres en vis-à-vis indiquent des limites d'espace, un changement de fonction dans le tracé du chemin ou la mise en rapport de constructions comme une porte d'entrée, un pont ou un escalier. On peut dupliquer une disposition en miroir, par exemple à la manière d'un ornement. › III. 84 Les parterres et axes de vue des jardins baroques sont des exemples typiques d'aménagements par rapport à des axes de symétrie. Les surfaces décoratives planes de ces jardins sont serties de haies taillées afin de renforcer l'effet de miroir. Les haies taillées peuvent aussi servir à délimiter des zones à agencement symétrique, derrière lesquelles des arbres et des arbustes poussent en toute liberté. Étant donné que les paysages et parcs sont perçus par des observateurs en mouvement, on peut créer temporairement des effets de symétrie naturels par des groupes de végétaux s'enfonçant toujours plus avant dans le paysage de façon à ce que, de temps à autre, un massif se trouve en face d'un autre apparemment de la même taille. La création de véritables effets de symétrie restreint néanmoins la marge de manœuvre du concepteur. Ce type d'aménagement peut être mis en œuvre dans des jardins formels et représentatifs, en relation avec l'architecture ou des parterres de plantes ornementales renouvelés au fil des saisons. › Chap. Matériel végétal, Dynamique temporelle

Équilibre

L'équilibre est souvent le but recherché d'un aménagement. On entend par là l'harmonie entre des éléments de design différents. Un aménagement équilibré est reposant pour les yeux et moins rigide qu'une composition symétrique. Équilibre et symétrie peuvent être atteints dans un paysage, un parc ou un jardin grâce à un élément architectural occupant une place centrale. Le positionnement de végétaux exactement les uns en face des autres crée une symétrie, tandis que de légères variations au sein d'une plantation instaurent un équilibre. › III. 85 Plus un édifice s'impose à la vue, moins il est nécessaire de rechercher la symétrie dans la composante végétale. Une méthode consiste à placer de part et d'autre d'un axe de symétrie des végétaux présentant des formes, des textures ou des coloris remarquables et de composer une plantation plus libre entre ces deux pôles.

Composition végétale

Une composition végétale repose sur des éléments visuels disparates, disposés à intervalles irréguliers. On peut mettre en œuvre et combiner des formes et des éléments de formes tant libres que géométriques. L'agencement des végétaux est en général plus important que les végétaux mêmes. Il faut faire preuve de mesure dans la détermination des espacements entre les plantes et des formes des plantes ainsi que dans le positionnement de ces dernières. Le centre d'intérêt visuel est excentré. › III. 86

Ill.84:
Symétrie

Ill.85:
Asymétrie

Ill.86:
Composition végétale

CONCLUSION

Un aspect fascinant de l'aménagement paysager réside dans l'ambivalence entre composantes statiques et composantes vivantes, dans la fluidité des frontières entre le végétal et l'espace. Tout être vivant est assujetti au temps et à l'espace. L'aménagement paysager, qui repose sur l'élément végétal, est une forme d'expression artistique requérant peut-être plus que d'autres un dialogue intense avec le temps et l'espace. Planter un jardin est le point de départ d'un processus ininterrompu. Sa conception et sa réalisation sont indissociables de l'horticulture, car elle seule peut garantir la réalisation de l'idée du concepteur. Pour mettre en œuvre les végétaux, nous devons mobiliser des connaissances étendues en matière de botanique. Il n'y a pas que des plantations à caractère architectural ou des haies sauvages. Entre ces deux pôles, nous avons à notre disposition toute une palette de possibilités, comme les plantations de vivaces dans les jardins anglais ou des exemples contemporains venus de Scandinavie. Il y a une règle d'or à observer dans le travail avec les végétaux : tout adepte que l'on soit du minimalisme, il ne faut pas perdre de vue que cette école commence par puiser dans la quantité pour y opérer une sélection réfléchie. Si l'on ne dispose au départ que d'un choix réduit, on obtiendra un résultat indigent et non minimaliste. L'aménagement végétal ne va cesser de prendre de l'importance dans nos jardins. Lieu de travail, de loisirs et de repos, mais aussi signe de plus ou moins grande opulence, le jardin est aux antipodes d'une société toujours plus technicisée et marquée par la perte d'autonomie. Ce n'est pas la facilité d'entretien mais les besoins du végétal qui repassent au premier plan. Notre sensibilité à la beauté s'en trouve de nouveau aiguisée, et nos sens éveillés. L'aménagement végétal est un grand luxe de l'époque actuelle, car il exige ce qui est devenu le plus rare et le plus précieux dans notre société : temps, attention et espace. La mise en œuvre de végétaux est symptomatique de notre perception de la nature : en remettant à l'honneur sensibilité, connaissances et savoir-faire, nous devenons plus attentifs à notre environnement et à son microcosme, le jardin.

SCHÉMA DE PLANTATION

Les schémas de plantation montrent de manière simplifiée les diffé-rentes espèces végétales retenues, leurs emplacements et leur nombre. La représentation à l'échelle donne la possibilité d'évaluer le besoin effectif en végétaux pour l'ensemble du site et de sélectionner des associations de végétaux qui servent non seulement l'apparence de la plantation, mais encore les proportions de l'espace libre à aménager. › Ill. 87, page 86, et Ill. 7, page 19 Le schéma de plantation est, pour le concepteur, un outil de travail qui clarifie pas à pas le processus par lequel son concept de plantation prend forme, dans un premier temps sur du papier à dessin ou sur un écran d'or-dinateur. Les arbres devraient toujours être figurés sur le plan de masse avec tronc et houppier, afin de matérialiser leur incidence sur l'aména-gement des espaces et surfaces. Le houppier indique le volume, le tronc l'emplacement. Le volume racinaire correspond en théorie à celui du houp-pier, et doit rester libre de constructions (bâtiments, canalisations, routes). › Ill. 88 Le schéma de plantation donne au chef de travaux et aux autres intervenants sur le chantier les informations nécessaires à la réalisation du projet. Les espèces végétales et leurs emplacements sont consignés qualitativement et quantitativement, tandis que les surfaces gazonnées et les surfaces plantées, les ancrages nécessaires, les amendements, etc. sont calculés, les travaux paysagers sont chiffrés, les opérations successives préparées.

\\ Astuce :
Des listes et tableaux thématiques en annexe
des catalogues de pépinières et d'horticulteurs
fournissent des indications sur l'apparence, le
port, les couleurs et le nombre d'exemplaires
nécessaires au m² (voir Tab. 8).

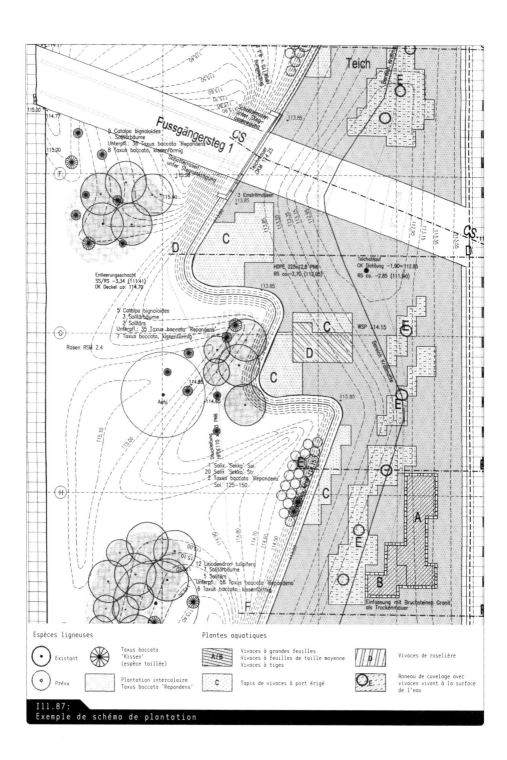

Teich

Fussgängersteg 1

6 Catalpa bignoioides
Solitärbäume
Unterpfl.: 36 Taxus baccata 'Repandens'
8 Taxus baccata, kissenförmig

5' Catalpa bignoioides
3 Solitärbäume
2 Solitärs
Unterpfl.: 35 Taxus baccata 'Repandens'
7 Taxus baccata, kissenförmig

Rasen RSM 2.4

Entleerungsschacht
SS/RS -3,34 (111/41)
OK Deckel ca: 114.70

Aahi

1 Salix 'Sekka' Sol.
20 Salix 'Sekka' Str.
2 Taxus baccata 'Repandens'
Sol. 125-150

12 Liriodendron tulipifera
7 Solitärbäume
5 Solitärs
Unterpfl.: 56 Taxus baccata 'Repandens'
6 Taxus baccata, kissenförmig

Einfassung mit Bruchsteinen Granit
als Trockenmauer

HDPE 225x12,8 PN6
RS ca. -2,70 (112,05)

Teichablauf
OK Dichtung -1,90= 112.85
RS ca. -2.85 (111,910)

WSP 114.15

3 Einströmdüsen

Espèces ligneuses

- ⊙ Existant
- ⊙ Prévu
- ✳ Taxus baccata 'Kissen' (espèce taillée)
- ☐ Plantation intercalaire Taxus baccata 'Repandens'

Plantes aquatiques

- A/B — Vivaces à grandes feuilles / Vivaces à feuilles de taille moyenne / Vivaces à tiges
- C — Tapis de vivaces à port érigé
- D — Vivaces de roselière
- E — Anneau de cuvelage avec vivaces vivant à la surface de l'eau

Ill.87:
Exemple de schéma de plantation

86

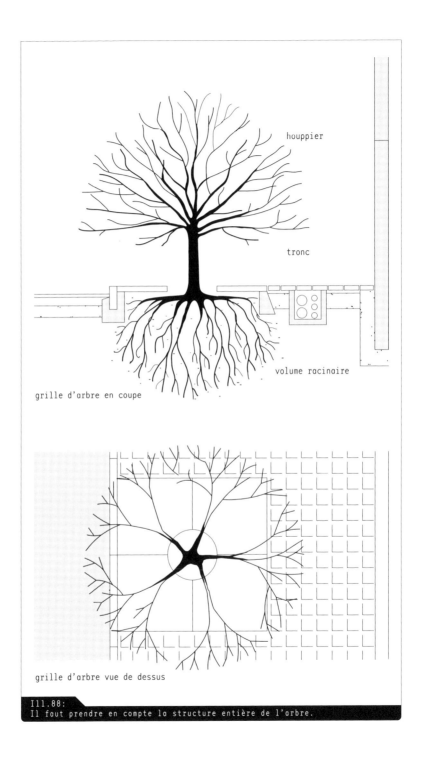

houppier

tronc

volume racinaire

grille d'arbre en coupe

grille d'arbre vue de dessus

Ill.88:
Il faut prendre en compte la structure entière de l'arbre.

nom botanique	nom commun	hauteur en m	largeur en m	port/ forme	Peculiarities
Arbres de petite taille pour jardins et espaces urbains					
Acer campestre 'Elsrijk'	érable champêtre	8-12	4-6	dense, conique	feuillage d'automne or, tolère la pollution urbaine
Acer plata- noides 'Globosum'	érable plane	4-6	3-5	dense, arrondi, devient dispropor- tionné avec l'âge	feuillage d'automne or, tolère la pollution urbaine
Amelanchier lamarckii	amélan- chier	5-8	3-5	port arbustif et étalé, en forme d'entonnoir	grappes de fleurs blanches fin avril, feuillage d'automne dans tons or à rouge flamboyant
Carpinus betulus 'Fastigiata'	charme commun	10-12	5-8	port colonnaire, fastigié	houppier étroit même sans taille, reste fermé à l'âge adulte
Catalpa bignonoides 'Nana'	catalpa commun	4-6	3-5	dense, arrondi	grandes feuilles en cœur, croissance lente, non florifère
Pyrus calleryana 'Chanticleer'	poirier de Chine	7-12	4-5	cône régulier	tolère la pollution urbaine et les chaleurs extrêmes, fleurs blanches, feuillage d'automne pourpre
Sorbus aria	alisier blanc	6-12	4-8	arbrisseau à plusieurs tiges ou petit arbre conique	fruits rouge orangé à partir de septembre
Tilia europea 'Pallida'	tilleul d'Europe	taille de formation		taille en plateau- rideau, en plateau ou en rideau	essence à tailler, le houppier donne de beaux volumes taillés
Arbres à houppier de taille moyenne à grande pour la ville et les parcs					
Acer platanoides	érable plane	20-30	10-15	grand arbre à houppier arrondi	tolère la pollution urbaine, croissance rapide
Acer pseudo- platanus	érable faux platane	20-30	12-15	large houppier arrondi à port retombant	croissance rapide, feuillage d'automne or
Aesculus x carnea 'Briotti'	marronnier à fleurs rouges	8-15	6-10	houppier dense arrondi, branches principales fastigiées	croissance lente, grappes de fleurs roses, peu fructifère
Aesculus hippocastanum	marronnier d'Inde	20-25	12-15	houppier dense en dôme ovale dispensant beaucoup d'ombre	fleurs blanches, très fructifère, beau feuillage d'automne
Ailanthus altissima	ailante ou faux vernis du Japon	18-25	8-15	grand arbre à houp- pier arrondi en large dôme	croissance rapide, tolère sans problème la pollution urbaine

Betula pendula	bouleau d'Europe	12-25	6-8	étroit, ovoïde, à rameaux arqués	chatons jaune-vert, écorce blanc-gris, feuillage d'automne jaune
Catalpa bignonoides	catalpa commun	8-12	5-8	houppier en parasol	grandes feuilles en cœur, impressionnants panicules de fleurs de 15 à 30 cm de long
Corylus colurna	noisetier	12-15	6-8	houppier conique, tronc bien développé	tolère la pollution urbaine, arbre robuste peu exigeant
Fagus sylvatica	hêtre commun	25-35	15-20	houppier ovale, port nettement retombant	tronc gris argent, feuillage d'automne jaune à orange
Fraxinus excelsior	grand frêne	25-35	15-20	houppier ovoïde à port retombant avec l'âge, légèrement irrégulier	belles feuilles pennées, feuillage d'automne rarement coloré
Platanus acerifolia	platane à feuilles d'érable	25-35	15-25	conique, devient en vieillissant un grand arbre à houppier rond à port retombant	croissance forte, espèce à tailler, tolère la pollution urbaine
Populus nigra 'Italica'	peuplier d'Italie	25-30	2-5	grand arbre à port colonnaire, branches et rameaux fastigiés	croissance forte, tolère les inondations
Prunus avium	merisier	15-20	8-12	houppier ovoïde de taille moyenne	ravissantes fleurs blanches, superbe feuillage d'automne jaune à rouge orangé
Quercus robur	chêne pédonculé	30-40	15-25	houppier arrondi conique, devenant irrégulier et moins dense en vieillissant	tolère la pollution urbaine, résiste au vent
Salix alba 'Tristis'	saule pleureur	15-20	12-15	fascinant arbre d'ornement de taille moyenne, rameaux retombants	port pittoresque, les sujets âgés résistent mal au vent
Tilia cordata	tilleul à petites feuilles	20-30	10-15	grand arbre impressionnant, houppier conique, puis en dôme	tolérance moyenne à la pollution urbaine, espèce à tailler
Pinus sylvestris	pin sylvestre	15-30	8-10	grand arbre pittoresque à forme changeante, avec l'âge cime élevée en parasol	aiguilles groupées par paires, vert à glauque, tolère la pollution urbaine
Thuja occidentalis 'Columna'	thuya du Canada	15-20	2-3	arbre de taille moyenne, formant un grand cône	feuillage persistant, tolère la pollution urbaine

RÉFÉRENCE BIBLIOGRAPHIQUES

Wolfgang Borchardt, *Pflanzenverwendung im Garten- und Landschafts-bau*, Der Gärtner, Vol. 6, Eugen Ulmer, Stuttgart 1997

Brian Hackett, *Planting Design*, p. 33-48, 51-56, McGraw-Hill, New York 1979

Richard Hansen, Friedrich Stahl, *Les Plantes vivaces et leurs milieux dans les jardins et dans les espaces verts*, 3e édition corrigée, Eugen Ulmer, Stuttgart 1992

Penelope Hobhouse, *Les Couleurs de votre jardin*, Nathan, Paris 1994

Gertrude Jekyll, *Couleurs et jardins*, Herscher, Paris 1988

Dieter Kienast, Christian Vogt, *Aussenräume, Open Spaces*, Birkhäuser, Basel 2002

Dieter Kienast, Christian Vogt, *Gärten, Gardens*, Birkhäuser, Basel 1997

Dieter Kienast, Christian Vogt, *Parks und Friedhöfe, Parks and Cemeteries*, Birkhäuser, Basel 2002

Hans Loidl, Stefan Bernard, *Opening Spaces. Design in Landscape Architecture*, Birkhäuser, Basel 2003

Wolfgang Oehme, James van Sweden, *Bold Romantic Gardens, The New World Landscape of Oehme and van Sweden*, Acropolis, Reston, Va. 1990

Piet Oudolf, Noël Kingsbury, *Jardins d'avenir. Les plantations dans le temps et dans l'espace*, Rouergue, Rodez 2006

Piet Oudolf, Noël Kingsbury, *Le Jardin de vivaces et de graminées*, Bordas, Paris 2001

Marco Valdivia, Patrick Taylor, *The Wirtz Gardens*, Exhibitions International, Leuven 2004

Rosemary Verey, *Good Planting*, Francis Lincoln, London 2000

Rosemary Verey, *Rosemary Verey's Making of a Garden*, Francis Lincoln, London 2006

LES AUTEURS

Regine Ellen Wöhrle et Hans-Jörg Wöhrle, architectes paysagistes, sont à la tête de w+p Landschaften, dont les bureaux se trouvent à Berlin, Stuttgart et Schiltach i.K.

Directeur de collection : Bert Bielefeld
Directrice de la publication : Cornelia Bott
Conception : Bert Bielefeld, Annette Gref
Mise en page et couverture : Muriel Comby
Traduction : Christèle Jany
Révision : Thomas de Kayser

Information bibliographique de la Deutsche
Nationalbibliothek
La Deutsche Nationalbibliothek a répertorié cette
publication dans la Deutsche Nationalbibliografie ;
les données bibliographiques détaillées peuvent
être consultées sur Internet à l'adresse suivante :
http://dnb.d-nb.de.

Ce livre est aussi paru en version
allemande (ISBN 978-3-7643-8657-3) et
anglaise (ISBN 978-3-7643-8659-7).

© 2008 Birkhäuser Verlag AG
Basel · Boston · Berlin
Case postale 133, CH-4010 Bâle, Suisse
Membre du groupe d'éditeurs spécialisés
Springer Science+Business Media

Imprimé sur papier sans acide, composé de
tissus cellulaires blanchis sans chlore. TCF ∞
Imprimé en Allemagne

ISBN 978-3-7643-8658-0
9 8 7 6 5 4 3 2 1
www.birkhauser.ch

Autres titres parus dans cette collection:

Conception
Basics Concevoir l'habitat
Jan Krebs
ISBN 978-3-7643-7953-7

Basics Idée de projet
Bert Bielefeld, Sebastian El khouli
ISBN 978-3-7643-8111-0

Basics Matérialité
M. Hegger, H. Drexler, M. Zeumer
ISBN 978-3-7643-7954-4

Basics La Recherche de la forme
Kari Jormakka
ISBN 978-3-7643-8464-7

Représentation graphique
Basics CAO / DAO
Jan Krebs
ISBN 978-3-7643-8108-0

Basics Dessin technique
Bert Bielefeld, Isabella Skiba
ISBN 978-3-7643-7951-3

Basics Maquettes d'architecture
Alexander Schilling
ISBN 978-3-7643-7956-8

Construction
Basics Baies et fenêtres
Roland Krippner, Florian Musso
ISBN 978-3-7643-8467-8

Basics Construire en bois
Ludwig Steiger
ISBN 978-3-7643-8103-5

Basics Construire en maçonnerie
Nils Kummer
ISBN 978-3-7643-7955-1

Basics Construction de toitures
Tanja Brotrück
ISBN 978-3-7643-7952-0

Basics Systèmes porteurs
Alfred Meistermann
ISBN 978-3-7643-8106-6

Exercice de la profession
Basics Conduite de travaux
Lars-Phillip Rusch
ISBN 978-3-7643-8105-9

Basics Gestion de project
Hartmut Klein
ISBN 978-3-7643-8470-8

Urbanisme
Basics Morphologie urbaine
Thorsten Bürklin, Michael Peterek
ISBN 978-3-7643-8461-6

Architecture du paysage
Basics Aménagement et eau
Axel Lohrer
ISBN 978-3-7643-8661-0

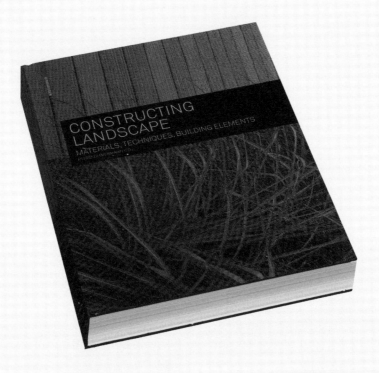